으로 부터 반대편

" 불만을 토로하는 입으로 노래를 부르자.
끝이 없을 듯 펼쳐진 길을 보던 눈에 옆 사람의 눈동자를 담자. "

Something New

새 로 움

지금 이 글을 보고 있을 당신 손가락의 굴곡과 유연성을 예상하면 그 모습이 내게는 무척 새롭다.
이 페이지를 읽으면서 몇 번의 눈 껌뻑임이 있을지, 혈액은 몇 번을 순환하고 있을지 생각해보는 것도 흥미롭다.
생물학적 눈알은 글을 향해 고정한 채 다른 눈으로 자신을 훑어보고 돌아올까.
그 기대감은 새로운 세상을 함께 탐험하기 전 스트레칭이 될 것만 같다.
입안 침샘의 촉촉함 정도가 중하 밑이라면 물을 한 잔 마시고 볼 것을 권한다.
그러면 칡뿌리같이 생긴 기관지도 함께 기뻐하며 '새로움'에 대한 고민에 더욱 깊게 몰입할 수 있지 않을까.

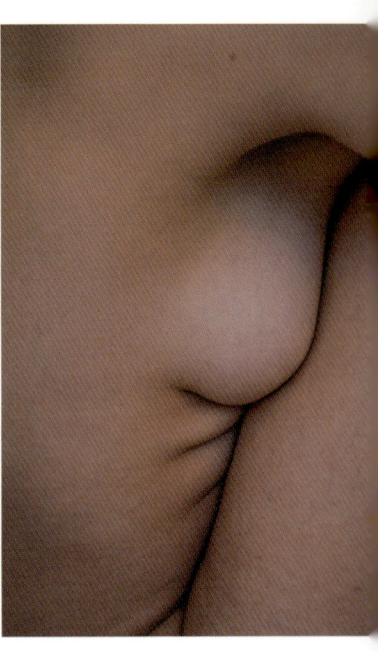

사람들이 생각하는
Brown

마케팅으로의
Glass Color

크루가 생각하는
Skin

Color of

금색   새로운 희망이자 전쟁의 상징   트랜드 & 미지근한색   쿨톤과 웜톤의 경계

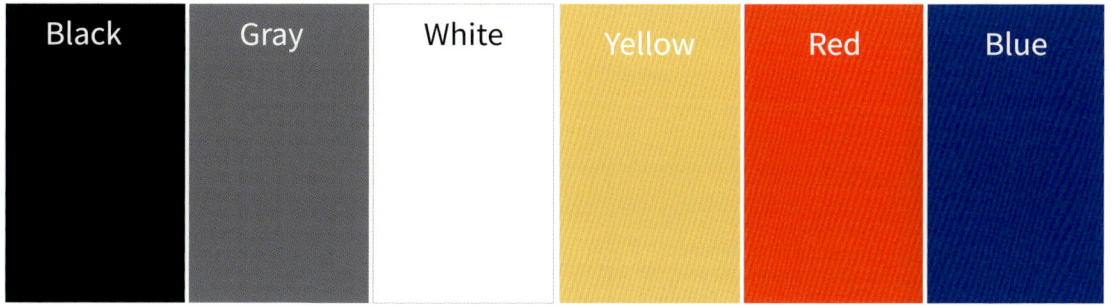

혁명   흑백에서 컬러로 색의 3원색

새로움 & 색상 NEW

How I think
'Something New'

이전에 회사에 근무하며 제작했던 책의 주제는 '순수함'이었다. 하지만 회사의 사정이 어려워지면서 프로젝트는 중단되었고, 퇴사하면서 새로운 미래를 찾는 일과 맞물리며 오래전부터 고민했던 '새로움'이라는 주제로 글을 쓰게 되었다. 순수함이 과거를 향하는 방향성이라면, '새로움'에는 미래를 향하는 방향성이 있는 것 같다. 마치 책장을 넘기는 것 처럼. 순수함이 변질되지 않은 오리지널의 모습을 뜻하는 쪽이라면 새로움을 느낀다는 것은 특정 시간 동안 내 주변에서 보지 못한 무언가를 마주하게 되었을 때, 현재에서 미래를 향하는 쪽으로 주로 그런 표현을 하는 것 같다. 변질을 새로움이라 받아들이는지도 모르겠다.

사람들에게 감흥을 주는 새로운 결과물을 만들었다고 가정한다면, 그 결과물에 느끼는 새로움의 기한은 얼마나 될까. 나는 그다지 길지 않은 편인데 새롭다는 감흥을 느끼는 동시에 근래 보았던 데이터로 자동 분류되는 것 같다. 새로움의 지속 기간은 사람마다 차이가 있겠지만 그 감정이 영원히 이어지는 것을 아직까지 본 적이 없다. 그렇기 때문에 새로움이라는 표현을 쓰는 것 같다. 인류학자들은 인간이 생존과 번식을 위해 자신과는 다른 사람에게 끌리는 성향, 즉 새로운 사람에게 호기심을 느끼는 본능을 가지게 되었다고 말한다. 그 성향이 변화해가는 세상에 맞게 발전하면서 카테고리가 확장되었을 가능성이 있다. 오늘날 우리 주변에는 새로운 것들이 넘쳐난다. 스트레스를 해소하는 방법으로 새로운 무언가를 구매하는 사람들도 많다. 새로움이 우리에게 가져다주는 것은 생각보다 많고 그 효과도 크다. 하지만 때로 위험을 초래할 수도 있다.

새로운 물건을 구입했을 때의 기분을 기억한다. 좋았다. 하지만 그것이 나에게 꼭 필요했는지, 아니면 그저 새로운 무언가를 사고 싶었던 건지 질문해볼 필요가 있다. 만약 필요와는 무관하게, 단지 심리적 만족을 위해 지속적으로 새로운 무언가를 찾는 거라면 새로움에 중독되었을 수 있다. 그것을 옳고 그름으로 판단할 수는 없겠으나 자신의 마음을 충족시켜줄 수 있는 것이 새로움만은 아니라는 말을 하고 싶다. 새로움이 적절한 보상 체계로 작동하는 것 이상으로 의존도가 높다면 일단 새로움을 찾는 것을 중단하길 권한다. 다른 이유를 떠나 당신이 새로움이라는 감흥을 100% 온전히 느낄 수 있기를 바라기 때문이다. 새로움은 쾌락보다 감동으로 와 닿아야 하는 것이라 주장한다.

창작물의 경우 계속 같은 패턴이 반복되면 진부하다는 평가를 받고, 더 많은 시간이 흐르면 촌스럽다는 피드백을 받기도 한다. 그래서 많은 창작자들은 본능적으로 변화를 시도하려 노력한다. 나도 새로운 작품을 발표할 때(원래는 무대연출안무가 일을 했었다.) 이전 작품과 다른 새로운 무언가를 보여주기 위해 많은 고민을 했다. 그 과정에서 무엇이 새로운 작품인가, 라는 질문을 수도 없이 했었다. 순수하다거나 아름답다는 피드백과 다르게 성공적인 새로움 뒤에는 '천재'라는 수식어가 붙는 경우가 많다. 그 말이 새로움에 더욱 집착하게 만드는 경향이 있다. 그래서 새롭다는 피드백을 받아본 사람은 매 창작의 순간마다 새로움에 대해 큰 고민을 하게 된다. 때로 그 부담에 못 이겨 엄한 결과물을 발표하거나 창작에 흥미를 잃는 경우도 보았다.

반대로 그것을 즐기는 사람들도 있다. 과거 스티브 잡스가 세상에 새로운 제품들을 내놓았던 것을 보면 전형적인 새로움 퍼포먼스의 교과서라는 생각이 든다. 또한 미국의 유명한 가수 마돈나의 과거 행보를 떠올리자면, 그녀도 충분히 새로움 퍼포먼스를 즐겼던 것 같다. 사람들에게 그동안 보지 못했던 무언가를 보여줄 때 어떤 일이 일어나는지 그들은 잘 알고 있는 듯했다.

내가 중학생이었을 때(2000년대 초반) 학교로부터 창의력에 대한 요구가 많아졌다. 기술을 익히는 것보다 새로운 것을 창의하는 사람이 윤택하게 살기 유리하다는 시대적 여론 때문이지 않았을까 싶다. 새로움은 사람들의 이목을 끄는 힘이 있고, 이목을 끄는 것은 곧 수익으로 연결된다는 생각 말이다.

하지만 새로운 것에 대한 요구로부터 무언가를 만들어내야 하는 것만큼 고통스러운 일도 없을 것이다. 어쩌면 새로운 것을 만든다는 것은 나침반 없는 항해를 하는 것과 비슷하다. 아직까지도 많은 창작자들이 어떻게 새로운 것을 만들어내는가, 무엇이 새로운 것일까, 라는 과제를 두고 고민한다. 창작 과정에서 답답함에 맞닥뜨린다면 이미 알고 있겠지만, 새로운 것을 만들거나 보여주는 쪽에서 새로움을 느끼는 쪽으로 입장을 전환해보면 힌트를 얻을 수 있다. 위에 언급한 인물들(스티브 잡스, 마돈나)은 새로움을 느낄 때 자신에게 일어나는 감흥을 기억하고 다른 사람들에게 자신이 느꼈던 그 황홀함이나 신선함 같은 무언가를 전달하고자 했을 가능성이 크다. 새로움을 느낀다는 것은 그 순간 전기가 통한 것처럼 짜릿하고 충격적이면서 커다란 동기를 부여하는 압도적인 힘이 있다(물론 모두에게 해당되지는 않는다. 이 상황에 반응하는 사람들이 주로 창작자가 되는 경우가 많다.) 이들이 프레젠테이션 하고자 하는 새로움은 상당히 개인적이면서도 객관적이자 시대성과 문화성, 개성이 고루 갖추어진 결과물이다. 하지만 다수의 창작자들이 너무 앞서가는 경향이 있었다. 만일 추구하는 창작물이 대중과 타협점을 갖는 새로움이라면 너무 멀어져도, 가까워져도 안 된다.

다시 새로움이 무엇일까, 라는 궁금증이 생긴다. 내가 발견한 또 다른 사실은 새로움 퍼포먼스에 강한 사람들은 '무'에서 '유'를 만들어내는 것만이 새로움이라 생각하지 않는다. 그들은 세상의 흐름이나 상황, 문화, 자신이 보고 있는 것들을 조합해낸다. 이런 예시를 들면 이해가 편할 것 같다. 만약 현재 대세가 온통 파란색이라면 주황색을 보여주는 것으로 새로움을 전달할 수 있다. 없던 색을 보여주는 것이 새로움이라는 개념의 전부라 판단하지 않는다. 현재 처한 환경에서 환기가 되거나 현재에 집중하느라 잊고 있던 반대편의 색을 보여주는 것이 그들이 제안하는 새로움이다. 그 안에는 이전에 보지 못한 무언가도 있고, 이전에 우리의 삶과 너무나 밀접하고 익숙했던 것들도 존재한다. 이 흐름에서 새로움의 기준이 되는 것은 순전히 현재라는 것을 짐작할 수 있다. 트렌드를 읽는 사람들도 이와 비슷한 방식으로 유행의 흐름을 캐치하는 경향이 있다. 패션이나 상업 비주얼, 마케팅 쪽에서 새로움의 센스는 도드라진다. '내가 요즘 좋아하는 것을 보여줄게' 라는 심리와 '너가 이전에 보지 못한 좋아할만한 것을 보여줄게.'라는 심리가 고루 섞여있다.

때로 새로움을 의도하지 않았어도 타이밍이 맞아떨어지는 경우도 있다. 여러 조합점이 톱니바퀴처럼 맞물리면서 사람들에게 생각지도 못한 신선함을 전달하는 사례들이다. 얼마 전 넷플릭스의 <오징어 게임>이라는 드라마에서 나왔던 뽑기(설탕과자)는 세상에 나타난 새로운 아이템은 아니었으나 기성세대에게는 옛 추억을 떠올리며 현재의 시각으로 다시 마주하는 새로움을, 어린 세대에게는 레트로한 먹거리에 대한 새로움을, 해외 팬들에게는 처음 보는 낯선 간식 문화의 새로움을 주며 유행했다. 이러한 점에서 많은 전문가들이 유행은 결국 돌고 도는 것이라고 말한다. 새로운 것은 새롭게 느껴지지 않고, 새롭지 않은 것이 새롭게 느껴질 수 있다. 이런 모순적일 수 있는 현상으로 인해 '이 세상에 더 이상 새로움은 존재하지 않는다'는 말이 등장한 것 같다. 바라보는 각도에 따라 그런 것 같기도 하고 그렇지 않은 것 같기도 하다.

위의 말은 석사 수업 때 교수님이 자주 해주시던 말인데 이유는 모르겠지만 들을 때마다 창작에 대한 사기가 떨어지곤 했었다. 마치 만들기를 시작하기도 전에 아무리 용을 쓰며 만들어도 그것은 참신한 것이 아니라는 평론을 받는 것 같았다. (지금 생각해보면 교수님의 의도는 새로운 것을 보여주려는 것에 집착하기보다 나의 아이덴티티에 더 집중하라는 말이던 것 같다. 그리고 관객들에게 새로운 것을 전달하는 것보다 매번 새롭게 느낄 수 있도록 하는 것이 진정한 퍼포먼스의 지혜라는 부분까지.)

다시 '이 세상에 더 이상 새로움은 존재하지 않는다.' 라는 말을 고민해보면 많은 사람들이 새로움을 기다리고 있다는 말로 들리기도 한다. 어쩌면 새로움이 넘쳐나는 지금 이 시점이 새로움을 보여줄 수 있는 가장 좋은 순간이라는 낙천적인 생각도 든다.

요즘 시대를 편집의 시대라고도 부른다. 실제로 새로운 콘텐츠들을 보면 대부분 기존에 있던 것들을 자신의 취향과 관점을 담아 재조합한 경우가 많다. 어떻게 편집하는가에 따라서 다양한 연출이 가능하고, 나아가 누구와 컬래버레이션 작업을 하는가에 따라서도 새로운 무언가가 되기도 한다. 이런 시대에서 말하는 창작자란 편집자를 말하는 것처럼 느껴지기도 한다. 그런 편집자들의 영향력은 생각보다 크다. SNS에 업로드하는 사진이나 영상도 단순히 기록용이 아닌 하나의 콘텐츠로서 편집된 창작물로 여겨지고 있다. 현재는 과거에 비해 창작을 할 수 있는 기회가 많아졌다. 방송국 프로듀서가 아니어도 나름의 방송물을 제작할 수 있고, 매거진의 도움 없이 스스로 모델이나 셀럽이 될 수 있는 시대이다. 그 말은 창작자와 대중의 거리가 좁혀지고 있다는 뜻이기도 하다. 우리나라 기업 시스템의 문제 중 하나로 거론되는 것이 비효율적인 보고 절차이다. 상부에 올리는 제안서가 쉽게 묵살되거나 변질되는 경우도 많고 자신의 아이디어가 실제로 구현되기까지는 시간도 걸린다. 하지만 요즘의 채널은 그런 과정 없이 다이렉트로 대중과 만날 수 있다. 대중이 직접 판단하고, 검열 및 평가하는 시대라고 해도 무방하다. 얼마 전 지인이 운영하는 회사의 입사 지원 포트폴리오를 피드백 해주었는데 지원자들이 온통 첫 머리에 자신의 SNS 계정 팔로우 숫자만 이야기하는 것을 보면 10년 전과 상당히 달라지긴 했다. SNS 피드에 올라오는 게시물에도 많은 변화가 생겼다. 10년 전만 해도 웃으며 찍는 기념사진 분위기의 촬영물을 업로드하는 것이 일반적이었다면 요즈음에는 각자의 스타일이 담긴 앵글로 촬영한 뒤 다양한 편집 기술을 동원한 사진 및 영상물을 올린다. 자신이 누구인지 보여주는 동시에 어떤 사람인지 짐작하고 유추하게 만드는 게시물들이 상당히 많아지고 있다. 어떤 계정 운영자는 관련 학과를 졸업한 사람보다 창작력이 더 뛰어나 보인다. 그렇게 만들어진 새로운 결과물에 다양한 패러디나 챌린지로 유명 셀럽이나 배우들까지 동참하는 문화를 만들기도 한다. 어떤 면에서는 더 치열하고, 어떤 면에서는 기회가 균등해지기도 했다. 오늘은 어떤 새로운 게시물이 세상을 떠들썩하게 할지 궁금하다.

예술가들이 새로운 창작물을 세상에 선보이기 위해 정부지원을 받는 사례가 많다. 특히 지난 몇 년간 청년들에게 그 기회가 많아졌다. 청년 예술가의 신작 지원 사업을 심사하는 기준을 보면 얼마나 실험적인 작품인가, 라는 항목이 있다. 실험적인 작품을 통해 독특함이나 개성, 어떠한 성찰을 느낄 수 있기 때문일 것이라 추측한다. 순수 예술 쪽에서는 얼마나 '나'다운, '나'만의 작품인지가 새로움의 기준이 되기도 한다. 실험 과정에서 '나'를 마주하는 경우도 많다. 하지만 이런 실험 정신의 부작용이 있다면 비예술가들의 시선에서 '난해함'이라는 피드백이 올 수 있다. 예술 작품을 자주 접했던 관련 종사자들에게는 실험적인 결과물이 그동안 보았던 작품들에 비해 새롭게 느껴질 수 있겠지만, 그 과정이 없는 상태로 작품을 보아야 하는 누군가는 새로움을 넘어서는 난해함과 어려움, 복잡함을 느끼게 될 가능성이 크다. 제작 과정에서 무의식적으로 기존에 발표되었던 작품들의 데이터가 창작물에 반영되는 경우가 많기 때문에 주류 결과물들을 이해해야 현재 감상하는 작품이 감각적으로 이해되는 경우가 많다. 만일 다른 회로로 창작물을 제작하면 시대에 맞지 않는다는 평이나, 다소 상업적인 작품이라는 전문가들의 피드백이 따라오는 사례를 본 적이 있다. 창작은 자유이지만 가야 하는 길은 일면적으로 느껴지는 부분이 없지 않다. 따라서 예술가와 비예술가의 간극은 당장에 좁혀질 것 같지 않다. 일부 예술가들은 자신의 작품을 이해하기 위해서는 학습과 경험이 있어야 한다는 주장도 있다. 마치 와인처럼 공부를 해야 이해할 수 있다는 의견이다. 그 결과 비예술가들은 예술을 감상하며 새로운 영역이라고 느끼기보다 자신과는 다른 영역이라 판단하는 일이 많다. 그나마 요즘은 SNS가 활성화되어 그 간극을 줄일 수 있는 가능성이 보이기도 한다.

나의 친형은 전통 국악기인 거문고를 전공했다. 전통을 잘 계승한다는 것은 새로운 것을 만드는 일보다 더 어려운 일일 수 있다. 때로 고리타분하게 느낄 수도 있지만 새로운 것을 만드는 일에 비해 깊이감이 있고 성취감이 높은 편이다. 예를 들어 대회 같은 평가가 있다면 그 기준이 누구나 알 수 있는 부분이기 때문에 점수를 내는 일이 창작품의 점수를 내는 것과는 다르게 비교적 객관적일 수 있다.

내가 개방적인 마인드와 열린 사고를 지향할 수 있던 이유가 어쩌면 형이 거문고를 했기 때문인 것 같다. 어린 시절 형의 교육 과정에는 명확한 규칙과 룰이 존재했고 전공을 이수해나가는 과정 역시 엄격했던 기억이 난다. 수업을 마치고 집에 돌아오면 늘 "이걸 왜 이렇게 해야 할까" "이건 대체 왜 이렇게 정해진 걸까" "내가 왜 이걸 그대로 따라야 하나"라는 말이 방문 너머로 들려왔다. 이것이 나에게 진지한 물음을 던졌다. 정말로 왜 그걸 그렇게 해야 하는 건지, 불만을 가지면서도 어째서 그것을 해내려고 저토록 전전긍긍하는지 의문이었다. 그 뒤로 강요를 받거나 틀에 박힌 상황을 마주하면 극도로 답답함을 느꼈다. 이러한 연유로 나는 새로움을 찾고자 했는데, 이를테면 '변화'를 원했던 것 같다. 형이 할 일이 전통을 잘 계승하여 보존하는 것이라면 내 역할은 현재의 무언가에서 답답하거나 막혀 있는 부분에 변화를 주는 새로움을 만들어내는 방향인 것 같다. 혁신과 희망을 꿈꿀 수 있는 새로움도 좋고, 전통을 보존하고 승계하려는 형의 태도도 멋지다. 어느 쪽이 좋은가 아닌가는 없다. 그저 나는 새로움을 추구한다. 사실 그전부터 새로움에 매료되었었다.

어린 시절, 5-6세밖에 되지 않았을 때 처음으로 엄마의 손을 잡지 않고 슈퍼마켓에 가서 두부 반모와 당시 유행했던 라면젤리를 사 와야 하는 일이 있었다. 돌이켜보면 내 삶에서 겪었던 새로움의 임팩트가 가장 컸던 순간이었다. 외출은 당연히 어른과 함께 해야 하는 것이었는데 그 고정 관념을 깨면서 혼자 현관문을 열고 밖으로 나간다는 것은 몹시 두려운 일이자 설레는 일이었다. 문을 열기 전까지 나는 마치 거인들의 세상에 사는 아주 작은 존재 같았다. 내 삶의 새로운 역사를 위해서 용기가 필요하다는 것을 그 때 처음 배운 것 같다. 용기를 내어 바깥세상에 홀로 나왔을 때 가장 분주한 것은 눈이었다. 바쁘게 움직이며 신기해 보이는 것들을 쫓았다. 보고 싶은 것을 충분히 볼 수 있는 자율성을 갖게 되면서부터 내 눈의 기능도 달라진 것 같다. 단순히 보는 기능을 넘어 무언가를 바라보고 감탄하는 기능이 상승된 것 같았다.(다른 쪽으로 눈이 발달되었으면 좋았을걸). 내 몸이 새로움에 반응하는 것 같았다. 감탄을 위해.

새로움이라는 말에 포함된 '~로움'은 다른 말에서도 쉽게 찾아볼 수 있다. 흥미로움, 외로움, 경이로움, 해로움, 번거로움 등이 있다. 순수하다, 화려하다, 견고하다와 같은 표현은 순전히 내가 보고 있는 것에 독립된 포커스가 있다면 흥미로움, 외로움, 경이로움, 새로움 같은 경우에는 '내가 느끼기에' '나의 삶이나 경험에 비추어'라는 전제가 숨어 있다. (개인견해.) 그런 점이 흥미롭기도 하고 모호하기도 하다. 클라이언트의 '화려하게' 연출해주세요, 라는 요청과 '경이롭게' 연출해주세요, 라는 요청은 제작자 입장에서 상당한 차이가 있을 수 있다. 전자는 비교적 업무의 진입이 쉽다. 그것이 무엇을 의미하는지 상상하는 것이 객관적일 수 있기 때문이다. 하지만 후자의 경우 도대체 어떤 것이 경이로운 연출인가를 질문할 수 있다. 클라이언트 개인의 경이로움 기준을 알아채고 그에 맞는 경이로움을 연출하면 되지만, 그것은 결코 쉬운 일이 아니며 가능하다 하더라도 과연 그것이 진짜 경이로움이 맞는가, 라는 질문을 하게 된다. 주제인 '새로움' 역시 비슷하다. 새로움에는 아주 많은 디테일의 레이어가 존재하고, 완성물이 클라이언트에게 새로운 것인지 아닌지 애매한 경우가 많다.

창작을 전공으로 학교를 다니는 학과 학생들의 경우 어느 학교 스타일인지, 어느 교수님 스타일인지로 분류하는 일은 어렵지 않다. 만약 교수님이 "이번엔 좀 새로운 시도를 해봐요"라는 제안을 한다면 그것을 받아들이는 학생은 새로움을 교수님 개인의 기준에 국한해 찾을 가능성이 크다. 오로지 내가 느끼는 새로운 것을 만든다면 교수님은 이미 본 적이 있다고 하거나 흥미를 느끼지 못하는 경우도 많다. (때로 어떤 교수님들은 학생의 창작물에 관심이 없는 경우도 많다.) 학생들끼리 과제를 고민할 때 "그건 교수님이 좋아하는 스타일인가 아닌가?"라는 말이 자주 나온다. 클라이언트나 평가자가 있다는 것은 새로움을 만드는 일에 득과 독이 공존하는 것과 같다. 때로 그들이 내가 만든 창작물을 보고 놀라워하는 모습을 보면 상당한 희열과 성취감이 느껴진다. 가족이나 지인의 피드백과는 확실히 다르다. 그리고 그에 맞춰진 고민의 시간이 나의 테크닉이 될 때도 있다. 다만 눈앞에 과제가 있으면 창작이 가능하나 그렇지 않을 경우 창작의 동기가 줄어들거나 진정으로 만들어가는 것의 기쁨을 망각할 수 있다. 또한 타인에게 창작의 목표가 쏠려 있는 경우 공허함을 느끼기 쉽고, 개인의 무한한 발전이 멈춰질 수 있다. 어느 쪽이 좋고 나쁜지를 고민하기보다 무엇을 위하여 나는 창작을 하고 싶었던가를 질문하는 것이 더 나은 제안일 것 같다.

　새것과 새로운 것에는 차이가 있다. 새것은 누가 보아도 개봉하지 않은, 새것을 의미한다. 이와 달리 새로운 것에는 다소 복잡함이 있다. 나에게 익숙했던 것이 갑작스럽게 새롭게 느껴질 수도 있고, 누군가에게는 뻔하디뻔한 것이 새로울 수 있다. 나는 오늘 아침 태국 남부 휴양지인 푸켓에 방문했다. 내겐 무척 새롭고 신비한 곳이지만, 이 곳에 사는 사람들은 새로운 곳라 생각하지 않는다. 같은 것을 보고 있지만 누군가에게는 새로운 지상낙원이고, 누군가는 너무나 익숙하여 특별함이 없는 곳일 수 있다. 내가 사용하고 있는 작은 사이즈의 휴대폰은 눈이 아프고, 키보드가 겹쳐지게 타이핑이 되어 불만을 토로하지만 이 휴대폰을 보는 다른 사람들은 귀엽다고 말한다. 또한 집 안의 한 구석에 장기간 먼지가 쌓여 필요 없다고 느껴진 골동품이 전시장의 소품으로 진열되면 완전히 새롭게 보인다. 비슷한 예로 평소 과묵했던 친구가 무대 오르는 모습은 완벽하게 새로운 사람처럼 보인다. 그에 비해 오늘 내가 구입한 칫솔과 치약은 새것은 맞지만 새로운 것이라고 보기는 어렵다. 이전과 다르기는 하지만 큰 감흥이 없다. 새것은 새것으로 대체 될 수 있지만 새로운 것은 기억으로 오래 남을 수 있다.

　삶과 죽음의 경계에서 새로운 삶을 찾는 사람들도 있다. 절망과 고통으로부터 간절하게 새로운 시작을 찾고자 하는 사람들은 생각보다 많다. 지금 이 순간에도 전쟁으로, 자연재해로, 그 밖의 다양한 이유로 강제적인 새로움의 환경에 놓인 사람들도 있다. 우리도 예외라고 생각하면 안 된다. 위험은 어디에나 도사리고 있다. 얼마 전 SNS에서 유행하던 카피가 있다. '살아간다'와 '죽어간다'는 한 끝 차이라는 말이다. 당신은 어느 쪽의 시간 위에 살고 있나. 이 말의 응용으로 '살고 싶나'와 '죽고 싶나'를 질문하고 싶다. 양쪽 모두 긍정적인 새로운 미래가 되기를 바란다. 살고 싶은 사람에게 삶을, 죽고 싶은 사람에게 죽고 싶지 않은 이유가 생기면서 새로운 삶을 찾는 방향으로 모두가 행복한 세상이 될 수 있다면 좋겠다.

　"난 네가 살아있었으면 해. 밤이 없는 낮은 무슨 의미가 있겠어. 우린 그저 작은 빛을 비추려고 노력할 뿐이야." - Logic 1-800-273-8255 가사 중

　+ #사지말고입양하세요 - 지금 이 순간에도 죽어가는 유기견들이 많다. 무턱대고 데려가서 키워달라는 뜻은 아니다. 그것이 더 큰 불행을 만들 수 있다. 그렇다고 외면이 그 답이 되지 않길 바란다. 모두가 함께 대책을 의논할 수 있다면 얼마나 좋을까.

How I think 'Something New'

주변에 질문한 새로움

디자인 회사 마케터 이 님 - 30대**

현재 지나가고 있는 1분 1초도 새로움이다. 다만 우리가 새로움이라고 인지하지 않는다. 사전상의 의미로 새로운 것이냐, 나에게 자극이나 충격을 주는 의미로의 새로운 것이냐에도 차이가 있는 것 같다. 나에게 새로움은 시간으로 연결된다. 시간의 흐름에 따라서 모든 것들은 달라지고 있다. 산화되거나 낡거나, 더욱 무르익기도 한다. 달라진다는 것과 새롭다는 것에 차이가 있겠지만, 충분히 새로움으로 인식할 수 있는데도 내가 느끼는 무언가 이상의 자극이 없으면 새롭다고 느끼지 못하는 것 같아 안타깝다. 달라진 것과 새로워진 것의 차이를 고민하는 것도 흥미롭다. 달라지는 것이 고개를 돌리는 것이라면 새로운 것은 고개를 드는 느낌이랄까. 개인적인 견해다.

현업 주부, 과거 무대 아티스트 김 님 - 30대**

나에게 요즘 새로운 건 가수 김완선 님이나 엄정화 님의 노래다. 내가 어렸을 때 몰랐던 매력들이 보이면서 새롭게 느껴진다. 이를 통해 '내가 알고 있는 것들에 대해 얼마나 알고 있나'라는 질문이 생겨났다. 무심코 지나치는 것들을 새롭게 보이도록 만드는 것에 흥미가 있다. 무에서 유를 찾아내는 역할의 창작자들도 존경하지만 내가 지나쳤던 무언가를 다시 새롭게 볼 수 있게 만드는 창작자들에 더 큰 끌림이 있다. 예를 들어 마르셀 뒤샹의 작업에서 변기는 그의 의도와 다를지 몰라도 새로운 감각을 느끼게 했다. 마우리치오 카텔란의 작업에 등장했던 바나나도 마찬가지다. 익숙한 것에서 새로움을 끌어냈다. 무대 공연 예술에서는 소품 사용이 많은데, 무대라는 특성상 평범했던 것들을 특별하고 새롭게 보이도록 할 수 있다. 객석과 무대라는 특정한 공간 환경은 제한된 시간 동안 반강제적으로 무언가를 유심히 보게 한다는 특징이 있다. 미술 전시와 무대예술의 차이점인 것 같다. 다양한 무대 예술 작품들을 일정 시간 동안 계속 보게 되면 자신의 경험과 무대에 올려진 작가의 의도가 결합하면서 새로운 얼굴이 탄생하기도 한다. 그렇기 때문에 무언가를 달라 보이게 만들 수 있는 좋은 기회로 작용한다. 나는 특히 그런 작업을 좋아했다. 마치 '소중하지 않은 사람은 존재하지 않는다. 다만 소중하게 보이지 않는 곳에 있기 때문이 아닐까'라는 느낌을 받는다. '그것을 연출이 도와줄 수 있다. 연출의 역할이 그것이다'라는 작업 철학이 닿아 있는 것 같다. 내가 자존감이 약한 편이었다.

필라테스 강사 김** 님 - 30대

나는 곧 일본으로 이주한다. 남편이 일본으로 발령이 나서 먼저 가 있었고, 나와 한 살 딸도 곧 일본으로 간다. 그야말로 새로운 삶을 향해 가는 것 같다. (SUNSEA : 일본으로 가서 사는 것에 두려움은 없나.) 없다. 나는 워낙 새롭게 변화하는 것을 좋아한다. 사실 필라테스 일을 하는 것에 조금 지쳐 있는 상태이기도 했다. 고객들에게 신체 교정을 통해 새로운 삶을 주는 일이지만 나에게는 새로움이 없었다. 과거 아티스트로 활동하며 새로운 무언가를 향해 돌진했던 나로서는 조금 답답하다. (SUNSEA : 그렇다면 계속 작업을 이어갈 수도 있지 않나.) 물론 마음먹으면 할 수도 있었겠지만, 스스로 조금 이기적인 것 같다고 생각했다. 나에게 예술 작업은 지출의 방향이지 수익의 방향은 아니었다. 그렇기 때문에 삶을 바로잡기 위해서는 뭐라도 일을 해야 했다. (SUNSEA : 일본에 가면 괜찮나.) 당분간은 괜찮다. 하늘이 나에게 기회를 준 것 같다. 새로운 환경에 적응하고, 새로운 삶을 사는 것이 기대된다. 일단 적응을 하고 그곳에서 할 수 있는 일을 해보려고 한다. 참고로 작업은 안 하지만 일본에 가서도 작업들은 틈나는 대로 보고 공부할 예정이다. 남편도 나를 위해 많은 노력을 해주고 있다.

캐나다에서 새로운 주인을 만나게 될 임시 보호견 안나 - 2세 추정

(SUNSEA : 새로운 주인을 만날 생각하니까 좋나.) 눈을 껌뻑거리며 나를 응시한다. 어쩐지 턱으로 나를 꽉 껴안은 것 같다. (SUNSEA : 내가 능력도 있고 바쁘지 않으면 함께 살면 좋을 텐데. 아니다. 나와 사는 것보다 캐나다에 가서 맘껏 뛰어놀고 자유롭게 사는 게 나을 것 같다.) 눈을 아래로 떨구며 혓바닥을 날름거린다. 그러고는 한숨을 내뱉는다. 안나가 삶을 선택하는 것이 아니라 선택받는 쪽에 있어서 무척 마음이 불편했고, 미안했다. (SUNSEA : 책이 좀 팔리면 취재하러 캐나다로 꼭 가겠다.) 믿지 않는다는 듯 뒷다리로 귀를 털어댔고, 한숨을 한 번 더 쉬었다. 그리고 자신의 왼 발바닥을 혀로 핥았다. 무슨 말을 할지 몰라 쓰다듬어주었더니 내 손을 핥기 시작했다. 죄책감이 컸다. 왠지 안나가 자신의 운명을 눈치챈 듯했다. 아무리 더 좋은 주인과 자유로운 환경을 만난다고 하더라도 나와 함께 있는 것을 더 좋아할지도 모른다. 안나를 끌어안았다. 강아지의 습성인지 나와 정을 떼려는 건지 안아주면 벗어나려 했다. 안나가 새로운 주인을 만나면 나를 기억하지 못했으면 좋겠다. 혹시라도 내가 찾아갔을 때 나를 기억하지 못하면 좋겠다. 과거에 섬에 홀로 버려졌던 시간도 기억하지 못했으면 좋겠다. 충분히 사랑받고, 충분히 즐기기도 하고, 그렇게 좋아하는 맛있는 사료도 맘껏 먹으면서 웃는 강아지가 되면 좋겠다. 내가 해줄 수 있는 일이 기도밖에 없는 것 같아 또 미안했다. 안나의 냄새를 깊게 들이마셨다. 냄새도 사진처럼 보관할 수 있다면 오늘의 안나 냄새를 통에 보관하고 싶었다. 그게 가능하다면 보고 싶을 때마다 더 가깝게 느낄 수 있을 텐데.

Something New   새로움

그저 페이지만 넘겨도 새로운 무언가가 나타나는 그런 일은 없을까?

새로운 트렌드를 제시하는 창작자
크리에이티브 디렉터 - 배재호 대표
" 어떤 질문을 품고 업무에 진입할 것인가 "

Interview.01

10년 전 대학을 졸업하고 사회에 처음 발을 디딘 나에게는 서울의 모든 것들은 새로웠다. 특히 당시 인기 있던 가로수길, 그리고 그 가로수길에 있던 '젠틀몬스터'의 전시형 매장은 커다란 충격이었다. 브랜드의 새로운 방향성을 제시했던 것 같다. 새로운 트렌드를 만드는 것은 단순히 보지 못한 것을 보여주는 것이라기보다 보러 오게 하는 것이라는 걸 배웠다. 특유의 젊은 에너지와 자신감 넘치는 분위기, 세련됨을 넘어 새로운 경험을 선사한 이 브랜드를 통해 내 분야인 공연에 대한 관점도 많이 바뀌었다. 얼마 전 운이 좋게도 그 당시 젠틀몬스터에서 크리에이티브 디렉터로 일하셨던 분을 알게 되어 어렵게 인터뷰를 요청했다.

'새로움'이라는 주제를 듣고 떠오르는 것들은 무엇인가?

엊그제 저녁, 패션 디자인 관련 일을 하시는 분과 나누었던 얘기가 떠오른다. 디자인 업무를 할 때 느껴지는 부담을 어떻게 이겨내는지에 대해 대화했었다. 무언가를 보여주어야 하는 업종이기 때문에 상당한 고민과 집중이 필요하다. 주로 첫 작업에서는 자신의 아이덴티티가 잘 드러나는 것 같다. 하지만 두 번째 작업부터는 내 모습에서 벗어난 또 다른 무언가를 보여주어야 하는 것 아닌가 하는 질문을 하게 되고 부담이 생기더라. 그래서 많은 것들이 덧붙여지는 작업의 결과가 두 번째에 주로 탄생했던 것 같다. 그러면서 다시 또 나 자신에 대해 탐구하게 되는 것 같다. 사실 나는 작업을 할 때 새로운 것을 세상에 보여주겠다는 의도를 가져본 적이 없다. 일단 내가 가지고 있는 관점이나 생각이 유니크할 것이라는 전제를 깔고 작업을 하는 편이다. 익숙한 것을 새롭게 바라보는 것이 가장 중요할 것 같다. 내 시각이 어떻게 담겨 있는가, 다른 일반적인 상황과 비교해 어떻게 생각하는가, 그리고 효과적으로 잘 전달되었는가. 그런 작업들은 새로운 것을 만들어낸 일이라고 생각하지 않는다. 상대적으로 내가 가장 처음 느끼는 무언가를 새롭다고 느끼는 것 같다. 같은 연필이어도 어떤 연필은 처음 써봤을 때 이전의 연필들이 나에게 주지 못했던 훌륭한 필기감을 주는데 그럴 때 그것이 새롭다고 느껴진다. 첫사랑과도 일맥상통하는 것 같다. 내가 최초로 가장 큰 감정적 충격을 느꼈던 상대는 누구였냐 질문하면 첫사랑인 것이다. 새롭다는 것이 큰 충격을 주었던 게 아닐까 싶다.

내가 작업할 때 생각하는 가장 큰 새로움은 보여지는 디자인의 새로움보다는 공간 기능이 줄 수 있는 '다른 감동'에 가깝다. MBTI 검사를 해보면 나는 T 성향이다. 상업 공간이 브랜드를 효과적으로 프레젠테이션하고 제품을 잘 보여줄 수 있도록 하는 방향보다 과연 어떤 이야기까지 끌고 갈 수 있을까, 어떤 레이어까지도 가능할까, 캠페인 정도가 아닌 그 하나하나의 공간들이 가지고 있는 특징들이 모여 어떤 집단으로 인식되게 만들 수 있을까를 고민하는 편이다. 그러다보니 조금은 새롭게 느껴지는 기획이 생긴다. 결국 새로움은 '새로움을 만들자'라고 생각하는 것보다 시작점에서 '어떤 질문을 품고 업무에 진입하느냐'에 따라 발생되는 게 아닐까 한다. 질문을 통해서 나의 개성이 작업 안에 들어가고, 내 개성이 들어가는 순간 그것은 다른 것들과 차별화될 수밖에 없다. 뼈대에 개인의 아이덴티티가 튼튼하게 자리 잡혀 있기 때문에 비주얼이나 방향적인 면에서 어디서 본 듯한 느낌이 든다 하더라도 분명한 차이가 있을 수 있는 것 같다. 그런데 사무실 공간은 그렇게 설계하지 않았다. (웃음.) 내가 편하고 익숙해야 새로운 것을 고민하고 작업하기가 수월하다.

새로움을 색으로 말해야 한다면 어떤 색이 떠오르나?

나는 블루 계열이 계속 떠오른다. 새로움을 생각했을 때 뭔가 푸근할 것 같은 느낌이 들지 않는다. 정말 쨍한 파란색이 주는 어떤 포인트 같은 것? 저것이 나에게 익숙한 것인가, 라고 무의식적으로 질문도 하게 될 것 같다. 전체 가운데 중심이 되는 어떤 존재로도 푸른색이 연상된다. 사실은 내가 색약이라서 색을 인지하는 정도가 조금 모호하다. 색을 남들과 유사하게 구분하긴 하는데 큰 갭이 있어야 차이를 느낀다. 그런 내가 느끼는 새로움은 시원하고 날카로움으로 느껴지는 파란색이다.

근래에 느꼈던(보았던) 새로움이 있다면 무엇인가?

근 몇 년 동안 제일 신선했던 경험은 다이빙을 한 것이다. 프리다이빙이다. 한동안 빠져 있었는데 나에게는 새로움의 영역이었다. 그 영역은 기존에 존재했지만 나의 삶 범주 안에는 없었기 때문에 개인적 새로움이다. 숨을 참는다는 행위를 통해서 내가 이렇게까지 참을 수 있구나, 이러한 상황에서도 생존이 가능할 수 있구나, 라는 것을 성찰하면서 살아 있음이 느껴지기도 했다. 그뿐만 아니라 다이빙 순간에 나의 오감은 크게 활성화된다. 피부가 물과 마찰할 때의 촉감이라든가, 귓가에 울려오는 소리의 크기, 숨은 쉬지 못하지만 평상시보다 더욱 또렷이 인지하게 되는 호흡까지. 그리고 눈앞은 뭐랄까. 투명하다고 느껴지는 전방이 신비롭기도 하고 새롭게 느껴진다. 저 아래 바닥과 물의 저편에서 마치 날아다니는 것 같은 물고기들을 보고 있자면 무중력 상태에 있는 것 같기도 했다. 물속에서는 차 소리도, 인간들이 만드는 소음도 들리지 않는다. 편안함을 즐겼던 것 같다. 같은 맥락에서 명상도 즐겨 한다. 반대로 술에 잔뜩 취하기도 한다. 그리고 운동을 하다 지친 내 모습을 보면서 나이가 들었다기보다 지금 이게 새로운 나구나, 라는 사실을 발견하게 되기도 한다. 스스로에게 매일 하는 말이 '어제의 나보다 오늘의 내가 조금 더'이다. 변화로 새로워진 나보다 성장으로 새로워진 나를 원하는 것 같다. 결국 근래에 본 새로움은 '나'였나보다.

어쩌다 공간 기획, 건축 디자인 (Creative Director, CD) 일을 하게 되었나?

원래는 요리하는 것이 꿈이었다. 중학생 때 아버지께서 무엇을 하고 싶은지 물어봐서 요리를 하고 싶다고 했다. 그러자 "그다음은?"이라는 질문을 하셨고, 무언가를 만드는 일을 하고 싶다고 했다. 만들고 구축하고 전달해주는 일이 나와 잘 맞는 것 같다고 말하니 건축을 제안하셨다. 그때부터 막연하게 건축에 대한 고민을 했다. 고등학생 때부터 다양한 자료를 찾아보고 어떤 작업인지 공부도 했다. 건축이라는 것이 그저 단순히 건물을 짓는 것이 아니라는 생각이 들었다. 어떤 건물은 더욱 의미 있는 건물이 될 수 있다는 생각으로 건축을 공부했던 것 같다. 그렇게 건축학과를 졸업했다. 덕분에 법적인 부분, 디자인에 대한 개념, 작가의 에고에 대한 부분까지 하나의 오브젝트는 아니지만 내 프로젝트에 조화롭게 담을 수 있는 좋은 기반을 다졌다. 어떤 때는 브랜드에서 원하는 방향성, 소비자가 원하는 것, 문화의 흐름, 내가 흥미 있다고 느끼는 것들을 한곳에 넣고 믹서로 가는 것보다 김치처럼 일정 시간 숙성시키면 좋은 결과가 나오기도 한다. 어떻게 그것이 가능하게 하는지를 건축학과에서 배웠던 것 같다. 하지만 설계 일은 인고의 시간이 필요해서 나와는 맞지 않아 현재의 일을 하게 되었다. 공간과 밀접한 일이지만 조금 더 재미있게 무언가를 매일 도전할 수 있는 이 일이 나와 잘 맞는다고 생각되었다. 건축에도 크리에이티브가 필요하지만 그것만으로 밀고 나갈 수 있는 영역은 아니다. 비용적인 애로 사항도 있다. 건축은 어찌 되었건 똑바로 서 있어야 하는 것과 규정된 것들이 많다. 그에 반해 공간 기획이라는 분야는 조금 더 자유롭고 표현할 수 있는 범위가 넓다.

언제까지 이 일을 할 수 있을 거라고 생각하나?

그것이 나의 걱정거리이다. 내가 70세까지 일을 지속한다고 가정하면 몇 개를 할 수 있을지 그 수를 가늠할 수 있다. 지금 하고 있는 일이 100분의 1이구나, 내가 몇 개의 마스터 피스를 선보여야 내 삶이 의미 있었다고 생각하게 될까, 얼마만큼의 발전을 이루어야 한 카테고리에서 진보적인 것을 이루어냈다고 인정받게 될까, 그리고 나 스스로를 인정할 수 있을까 뭐 이런 생각들을 한다. 나는 사실 절벽을 향해 뛰어가고 있는 존재이다. 그 와중에 얼마만큼의 선을 그리고 갈 것인가에 대한 질문 같다. 그런 면에서 무언가를 만들고 전달할 수 있는 직업이 잘 맞는 편이다. 이러한 마음이 변치 않는다면 할 수 있는 한 지속적으로 작업을 진행할 것 같다.

공간을 보고 공간에서 느껴지는 것으로 작업을 하는 편인가?

나의 반대편에 놓여 있는 것은 공간이 아닌 공간에 있는 의뢰자, 클라이언트이다. 그들이 얻어야 하는 부분은 대체로 명확하다. 결론적으로는 공간을 디자인하는 일로 해결되는 것은 도구일 수 있다. 공간의 기준에 대해서는 나도 막막한 경우가 많다. 유니크한 색상이 있어도 공간은 스스로 표현하지 않는 경우가 많다. 여기에 새로운 무언가나 이야기를 넣기 위해 노력한다.

SUN SEA : 순수예술 분야에는 클라이언트가 없기 때문에 온전히 공간과 소통하며 이루어지는 작업들이 많다. 각각의 장단점이 있을 것 같아 흥미롭다.

어디에서 영감을 얻나?

사실 나에게는 모든 게 다 영감이다. 대화를 하는 순간의 온도에서도 영감이 오고, 조명을 통해서도 영감을 얻는다. 영화나 책에서도 얻고, 가끔 꾸었던 꿈도 적어 놓는다. 그다음으로는 흔히 말하는 프로세스와 협업, 설득 이런 것들의 과정이 있다. 사람인 경우가 가장 흥미롭다. 그래서 클라이언트에게 집에 놀러 가도 되는지, 요리해주실 수 있는지 묻고 찾아가기도 한다. 여러 방식으로 그 사람을 여기저기 찔러보고 가까워지고 이상한 질문도 하고 특이한 상황으로 몰아넣는다. 친해지기 위함도 있겠지만 내가 가지고 있는 어떤 삶이라는 것이 담겨 있는 시간으로 끌고 왔을 때 그 사람이 어떤 사람인지 파악하기가 쉬웠다.

이 사람은 자신의 삶에서 어떤 것을 원할까, 지금 나에게 이런 설명을 하고 있지만 실질적으로 이 사람에게 필요한 것은 무엇일까를 깊게 고민하고 나중에 서프라이즈 선물처럼 짜잔 하고 보여준다. 그때 사장님 말씀은 잘 들었는데, 사장님께서는 이런 공간이 필요하다고 느껴진다, 라고 제안을 한다. 그 부분이 나에게는 가장 재미있다. 유행이나 최신 트렌드를 쫓거나 예쁘기만 한 것이 아닌 가장 유니크하고 독특한 공간이 탄생하는 것이다. 클라이언트들은 예상치 못한, 새로운 무언가를 바라는 경우가 많은데 그들이 추구하는 욕망이 앞서 이행되면 그것은 너무나 예상 가능한 범주의 결과물이 된다. 무엇보다 그들은 실제로 그것을 원하지 않는다. 그들이 바라는 새로움은 또 다른 새로움을 요구하게 되고 결국 채워지지 못하는 현상이 발생한다. 내가 가장 잘할 수 있는 일이 있다면 확실히 클라이언트의 내적 요구를 찾아내고 그에 맞는 안을 내놓으려 노력하는 것이다. 물론 어떻게 해도 이 클라이언트와는 결론이 나지 않겠구나 싶을 때도 있다. 그럴 때면 좋은 도전이었으나 이 공간을 어떻게 끌고 나갈지 고민하자는 쪽으로 생각을 돌리게 된다. 하지만 사람이 주제가 될 때 나도 예상치 못한 기적 같은 것들이 나오기도 한다.

예전에는 변화의 속도가 느렸다. 16-17세기에는 한 세대를 통틀어 하나의 작업만을 반복하여 거기에서 답을 찾고 진행하는 것만으로도 의미 있는 무언가가 만들어질 수 있었다. 대중이 기다려주는 힘이 있었던 것 같다. 현재는 새로운 것들이 셀 수 없이 등장하고 빠르게 변화하기 때문에 '이걸 왜 만들었어?'라는 질문이 보편화된 시대라고 볼 수 있다. 결국 우리에게 중요한 것은 관념적으로 새로운 환경, 사람들이 접했을 때 우리의 에너지가 무엇인가, 라는 부분이었던 것 같다. 어떤 성질과도 비슷하다. 또다시 보지 않을 관계들, 다시는 오지 않을 장소, 한 번 사용하고 마는 물건들이 많아지다보니 순간에 대한 것들이 더 의미 있는 시대가 되었다. 따라서 용접 작업처럼 더 강한 스파크를 만들면서 여기를 기억하자, 라는 의미가 발생되는 것도 같다. 동시에 창작자들에게 기회는 많아졌지만 작업을 하는 것이 매우 어려운 시대이기도 하다.

만약 '새로움'이라는 주제로 공간을 연출, 디자인해야 한다면 어떻게 할 것 같은가?

나는 아직 가보지 못한 곳이 많다. 이것을 빌미로 특별한 곳들을 찾아갈 것 같다. 예를 들어 고산 지대인 티벳 같은 곳에서 나오는 오브젝트 사물이나 화산 지대에서만 얻을 수 있는 석재, 돌, 풀들을 찾을 것 같다. 기후가 바뀌면 오브젝트 사물이 바뀌는데 그런 것들도 찾을 것 같다. 가보지 못한 문화권, 나에게 새로운 환경에서 나오는 무언가를 하나씩 수집하고 연구해볼 것이다. 지역과 환경을 넘나드는 것들이 서울이라는 특정 공간에 모였을 때 무엇이 만들어지는지, 어떤 형상이 되는지 보고 싶다. 개인적으로 재료에 관심이 많은 편인데 이 재료가 마음에 들었고, 이런 특징이 있더라는 것을 일기처럼 기록해 모으면 좋을 것 같다. 그것이 어떤 기능을 할 것인지는 모호하다. 어떤 재료인지 모르기 때문이다. 하지만 그것에 잠재된 기능이 있다는 건 분명하다. 그런 시작으로 작업을 진행해서 나한테 새로움이라는 것이 얼마나 한정되어 있나를 질문할 것 같다.

개인적으로 10년 전 젠틀몬스터 작업에 충격을 받았었다. 매우 새로운 접근의 공간 연출이었고, 익숙하면서도 알 수 없는 새로움이 느껴졌다. 작업에 대해 간단히 설명 부탁한다.

나에게도 무척 즐겁고 의미 있는 시간이었다. 몸은 무척 힘들었지만 내가 맹목적으로 이렇게 열정적으로 작업했던 기간이 또 있을까, 라는 생각이 들 만큼 재미있었다. 처음에 브랜드를 어떻게 각인시킬까, 유니크한 브랜드가 되기 위해서는 무엇을 해야 할까 고민했을 때 이런 문구가 떠올랐다. '어딘가에 멈춰 있지 않은 느낌.' 여기에는 두 가지 측면이 있었다. 브랜드가 정말 극단적 창의를 가지고 있을 수 있는가와 문화가 될 수 있는가. 그 당시(2011년) 몇몇 전시들이 대박이 나는 것을 목격했는데, 사람들은 전시를 본다기보다 경험하는 쪽이었다. 무언가를 경험하고 소비하는 것도 하나의 문화가 되어가는 추세였다. 그 배경에서 우리의 작업이 생존을 위한 것이냐, 감정과 경험이 투영되어 있는 일종의 매개적 활동이냐, 라는 부분의 고민이 많았다. 그렇다보니 사람들에게 크리에이티비티를 가지고 좋은 제품을 소개하기보다 색다른 문화 활동을 하면서 그 결과로 제품에 관해 설득해나가자는 결론에 다다랐다.

사실 처음엔 사람들이 우리 작업을 의아해했다. '브랜드가 왜 그런 것을 해?'라는 질문이 많았다. 우리는 그것이 좋은 결과라고 판단했다. 사람들은 '왜 이렇게 하는 걸까'라는 질문과 '그렇다면 다음엔 이들이 무엇을 할까'라는 호기심을 갖게 되었다. 너무 강렬한 경험이었기 때문에 질문이 생겨났고 나아가 사람들의 대화거리가 되었다. '거기 가봤어? 멋있긴 하더라. 특이하더라.' 그런 기류 속에서 사람들이 그곳에 다녀왔다는 것을 증명하기 시작하면서 공간의 얼굴이 재탄생되었다. 당시 미국의 유명 잡지사가 그해를 정리하는 에세이에서 우리 프로젝트를 언급했다. 패션 브랜드들이 아이덴티티를 보여주기 위해 노력하고 이슈가 된다는 내용이었는데, 그 시작이 '젠틀몬스터로부터'라고 쓰여 있었다. 해외에서 발표된 기사이기 때문에 우리도 나중에야 알았다. 미국 지사에서 캡쳐해서 보내주었다. 아무리 멀리 있어도 우리가 생각하는 것들을 이해한다는 것을 알 수 있었다.

회사 내에서는 우리가 하고자 하는 것을 설득하기 위해 많은 노력이 필요했다. 비용이 많이 들어가는 작업 아닌가. 그래서 협상을 제안했었다. 현장 감리, 디자인, 조명 등을 우리가 직접 다 하면 비용을 절감할 수 있다고. 결론적으로 보았을 때 타 명품 브랜드인 구찌나 루이비통보다 훨씬 적은 비용으로 큰 효과를 낼 수 있었다. 그리고 뜻밖에도 SNS에서 재미있는 현상이 일어나면서 꼭 가봐야 하는 공간이라는 타이틀을 갖게 되었다.

새로움을 위해서는 새로운 구조가 필요한 것 같다. 작업 방식을 바꾸면 '새로움이 나온다'라는 의미는 아니지만, 애초부터 다른 목적과 다른 방식, 시퀀스가 다른 방향을 설정해야 한다고 생각한다. 이전에 미국이나 유럽에서 하던 방식이었던, 제품을 예쁜 선반에 비싼 재료들과 같이 놓고 전시하는 것이 과연 새로운 것인지 의구심이 많았다. 거기에서 '제품을 선택하기까지의 다른 루트나 대안이 있지 않을까?'라는 질문이 시작되었다. 즉, 새로운 선반에 기존에 보지 못한 재료들을 놓고 전시하는 소프트웨어적 태도보다 더 깊은 곳에 있는 하드웨어를 흔드는 질문을 하는 것이 힘 있는 새로움이 아닐까, 라는 의견이다. 그렇게 기획하고 목표를 설정하지 않으면 결정권자들이 원하는 진짜 새로운 것이 등장했다는 감정을 얻기가 쉽지 않고, 유효 기간도 짧다.

앞으로의 새로운 계획이 있다면 무엇인지 궁금하다.

지금 하고 있는 일은 클라이언트가 있는 작업이다보니 내 돈으로 어떤 공간이나 브랜드를 만들어내는 것이 아니다. 그래서 앞으로는 나만이 이 세계에 던져줄 수 있는 무언가를 할 수는 없을까, 라는 고민을 하게 된다. 열심히 돈을 벌어야겠다고 생각한 이유 중 하나가 그 때문이었다. AI가 귀찮은 일들을 해주고 자료를 만들 것이다. 그렇다면 많은 활동이 기술에 의해 대체되는 상황에서 사람이 사람에게 해줄 수 있는 일 가운데 건강과 관련된 것이 있을 수 있겠구나, 라는 생각을 했다. 그런 쪽에 관련된 자체적인 작업을 하나 해보고 싶다는 소망이 있다. 빠르면 내년부터 움직일 수도 있겠다. 말을 하다보니 나만 세상에 꺼내 놓을 수 있을 의미 있음이 가장 큰 새로움 같다. 나만 할 수 있는 일들.

Something New　　　새로움

내가 보고있는 것 으로 부터 반대편

Editor V-Log

Today, like yesterday, I went into the coffee shop I always go to and ordered cold coffee. .... I thought it would be nice if today could be a special day no matter what.

에디터 브이로그 01

오늘도 어제처럼 늘 가던 커피숍에 들어가 차가운 커피를 주문했다. 얼음이 가득한 커피 한 모금은 들짐승을 목 뒤에 메고 있는 것 같은 피로감으로부터 막힌 숨통이 트이게 하는 것 같다. 혼미한 상태로 손에 든 컵의 수평을 잘 맞추지 못해 커피가 엄지손을 타고 내 허벅지와 커피숍 바닥에까지 흘러내리는 일은 매우 흔하게 발생한다. 그럴 때면 놀라지 않고 차분하게 텁텁할 것 같은 촉감이 느껴지는 티슈를 대략 세 장 정도 한 손으로 집어 잘 닦아내고 바지를 툭툭 털었다. 그 순간에는 가끔 교양 없는 험한 혼잣말을 입에 담아내기도 한다. 출근길 사무실로 올라가는 엘리베이터 앞에서 종종 직원과 마주친다. 회사를 다니기 이전에는 동료와의 만남이 커다란 반가움이자 웃을 일이었는데, 직원과의 마주침에는 알 수 없는 거리감이 존재한다. 창과 방패랄까. 직원이 불쑥 나에게 눈을 동그랗게 뜨며 자신의 달라진 점을 질문을 했다. 멘붕이었다. "머리가 바뀌었네요?"라는 말로 나름의 두뇌 데이터 기반 응답을 보냈다. 그런데 머리는 달라진 게 없다고 하니 고함량 카페인이 초 단위로 휘발되는 느낌이었다. 지방재배치라는 시술을 받았다고 했다.

사무실에 진입하면 형식적인 인사를 한다. 왜 그런 말을 매 아침 하는지 모르겠지만 '좋은 아침!'이란 말을 직원들에게 건넨다. 문득 나를 비롯한 모든 직원들이 점차 건조해지는 스펀지처럼 느껴졌다. 한때 물을 잔뜩 머금어 살짝만 쥐어도 물이 줄줄 흘러나오는 촉촉, 축축한 상태였는데. 우리 사무실은 언젠가부터 사막화 현상에 몸살을 앓고 있다. 왠지 내가 그렇게 만드는 것 같아 죄책감도 있다. 모두가 알 수 없는 답답함을 느끼고 있었지만 누구도 문제를 제기하는 이가 없었다. 회피하듯 '원래 회사가 다 그렇지'라는 말로 하루 업무에 시동을 걸고, 거칠게 액셀을 밟았다. 별다른 특별함은 없다. 어쩌면 회사 안에서 특별한 사건이 없는 것에 안도감을 느낀다. 평소처럼 회의를 하고, 업무를 보고, 사무실을 대충 정리 정돈하면 금세 퇴근 시간이 찾아온다.

나는 특별한 일이 없다면 퇴근 후에 곧장 집으로 귀가하지 않는다. 헤드폰으로 귀를 틀어막아 모든 소리를 차단한 뒤 몸을 혹사시키는 운동을 한다. 운동을 좋아해서는 아니고, 온전히 혼자만의 시간에 빠져드는 쉼 같은 이 시간을 좋아한다. 해가 저물면서 채도가 옅어지는 시간에 홀로 집에 있으면 자유롭기보다 혼자 남겨졌다는 쓸쓸함이 찾아왔다. 더구나 긴장감이 풀리면서 소파의 일부가 되는 다음 날 휴가를 낼까 고민하는 내 자신이 한심하게 여겨졌다. 몸을 힘들게 움직이다보면 나도 모르게 무의식이 새어 나오면서 머릿속이 자동 정렬되는 느낌을 받는다. 그저 떠오르고 스쳐 지나가는 잡생각들을 텔레비전을 켜놓은 듯 지켜보면 된다. 머리가 아파오면 '그래도 오늘밤엔 잠을 잘 수 있다'는 긍정적 신호로 받아들여 움직임의 동기가 더욱 커진다. 운동을 마무리하고 집에서 챙겨 온 단백질 파우더에 찬물을 넣고 흔들어 마신다. 버릇처럼 음료가 엄지손을 타고 허벅지와 바닥으로 흘러내렸다. 비치된 티슈를 몇 장을 뽑아 꼼꼼히 닦아내었다. 뭉쳐진 티슈를 휴지통에 던지면 한숨이 같이 터져 나왔다. 지겨움이라는 말이 입에서 맴도는데, 자주 흘리는 것이 지겨운 것인지 삶 자체를 지겨워하는지는 알 수 없었다. 집에 돌아와 현관 비밀번호를 누를 때면 두껍게 바른 바디로션을 뚫고 땀방울이 맺힌다.

Editor V-Log — Day.01

고요함 속에 탁탁거리는 노트북 키보드 조작 소리가 난다. 오른쪽 귀 너머로 쉴 틈 없이 빨래가 돌아가는 소리도 들린다. 오늘은 반드시 글을 쓰고 말겠다는 다짐을 했다. 책을 한 권 내본 뒤로는 글을 쓰는 것이 더욱 어렵다. 무섭고 두렵기도 하다. 왠지 나보다 덩치가 몇 배는 더 커다란 무채색의 정장을 입은 사람들이 나를 비웃으며 비난하는 듯한 기분에 한없이 작아진다. 이 공포를 이겨내는 것은 강도 높은 지진으로부터 유리 같은 내 자신을 지켜내야 하는 일과 흡사하다. 무엇이라도 적지 않으면 안 될 것 같아 오늘 하루를 적었다. 인상적인 순간은 없었다. 사실 이번 책의 주제로 선택한 새로움은 주변에 많았다. 지인의 소셜 네트워크 서비스에 새로 업로드된 사진, 새로 편성된 텔레비전 프로그램, 새로운 비전의 비즈니스 방향을 담은 PDF, 심지어 마시고 있던 소주의 이름도 '새로'였다. 하지만 그것들을 새로움으로 받아들일 여유가 나에겐 없나보다. 현재 시점의 새로움이란 기한 내에 해내야 하는 압박감이 커다란 과제일 뿐이었다. 어쩌면 나는 일상에서의 새로움이 그다지 반갑지 않은 것 같다. 새로운 프로젝트, 새로 들어온 직원과의 인사 자리, 새로 론칭되는 업체 미팅, 새롭게 정리된 회사 매뉴얼. 그리고 좀 더 새롭고 참신한 아이디어에 대한 부담감까지.

에디터 브이로그 02

오늘도 어제처럼 늘 가던 커피숍에서 차가운 커피를 주문했다. 목 뒤로 느껴지는 들짐승의 무게가 어쩐 일인지 감당이 가능할 것 같은 날이었다. 주문한 커피를 손에 쥔 지 얼마 되지 않아 수평을 맞추지 못해 엄지손을 타고 내 허벅지와 바닥으로 커피가 흘러내렸다. 무척 흔한 일이다. 오늘은 바닥에 흘린 커피가 옆은 살짝 뚱뚱하고 위쪽은 비실한, 완벽하진 않아도 그렇다 할 수 있는 하트 모양으로 보였다. 잠시 그렇게 쳐다보다가 휴대폰을 켜 촬영했다. 텁텁한 촉감의 티슈를 집어 여느 때처럼 무미건조하게 닦아냈다. 얼음이 가득한 커피 한 모금은 평소와 다름이 없었다. 매일 맛보는 익숙함이었고, 오늘의 다름은 찾기 힘들었다.

출근길 사무실로 올라가는 엘리베이터 앞에서 직원과 마주쳤다. 그 많은 회사 매뉴얼 중에 직원끼리 반갑게 인사하는 매뉴얼 한 줄만 있어도 그것을 핑계 삼아 하고 싶은 얘기를 했을 텐데 그 부분이 아쉽다. 내가 불쑥 말을 건네자 그는 날아오는 탁구공을 받아치듯 답했다. "지방재배치를 했죠?", "저는 아무 말도 하지 않았는데." 엘리베이터 안에서 무척이나 어색했고 민망했다.

사무실 문을 열고 '좋은 아침'이라는 형식적인 인사를 했다. 오늘은 미국드라마의 풍경처럼 직원 한 명 한 명을 포옹하며 반갑게 인사하고 싶은 마음도 들었다. 하지만 포춘 쿠키처럼 굳은 나를 깨트리지 않는 한 내 마음을 볼 수 있는 이는 없었다. 오늘도 여느 때와 마찬가지로 나를 비롯한 모든 직원들이 건조함이 가속화되고 있다. 우리 사무실은 언젠가부터 사막화 현상에 몸살을 앓고 있다. 모두가 알 수 없는 답답함을 느끼고 있었지만 누구도 문제를 제기하지 못했다. 그래도 요즘엔 사막에 아파트도 짓고, 실내 스키장도 짓는다던데. 사막화되는 것을 나쁘게만 바라보지 않는다. 평소처럼 회의를 하고, 업무를 보고, 사무실을 대충 정리 정돈하면 어느덧 퇴근 시간이 찾아온다.

오늘도 곧장 집으로 귀가하지 않았다. 친구와의 저녁 약속으로 운동도 가지 않았다. 혼자 있고 싶기도 했지만 친구의 고민 상담을 거절할 수 없었다. 친구는 매일 새로운 고민을 들고 나타난다. 해가 저물면서 채도가 옅어지는 시간, 퇴근한 직장인들이 가득 들어찬 분주한 레스토랑 공간에 나만 멈추어 있는 듯했다. 잠시 다른 생각을 하면 친구는 "내 얘기 듣고 있어?"라고 물었다. 소주잔을 서로 부딪힌 뒤 입으로 가져가기도 전에 터져 나오는 친구의 말을 듣느라 소주는 공중에 머물렀고, 균형을 잡지 못해 엄지손을 타고 팔꿈치까지 흘러내려 다른 손으로 훔쳐냈다. 친구는 아까운 술을 왜 버리냐고 했다. 집에 돌아와 현관 비밀번호를 누르는데 내가 저녁으로 뭘 먹었는지 기억할 수 없었다. 술은 마셨지만 취기는 없었다.

Day.02 ──────────────────────────────── Editor V-Log

고요함 속에 노트북 키보드 조작 소리가 탁탁거린다. 왼쪽 귀 너머로 옆집 아이가 떠드는 소리가 묵직하게 들린다. 오늘은 글을 쓰는 것이 더욱 힘들었다. 내가 글을 잘 쓰지 못하는 것에 대한 타당성을 연구하느라 글을 쓰는 일에서는 결과가 없었다. 한때 일정을 마치고 무언가 떠올랐던 것들을 글로 쓰는 밤 시간을 좋아했었는데. 오늘 나에게 특별하거나 새로운 일이 있었다면, 아침에 커피숍 바닥에 흘린 커피가 하트 모양이었다는 것 하나였다. 나는 용기가 부족한가. 게으른 걸까. 내 몸 구석구석에서 새로운 라이프 스타일에 대한 요구가 커지고 있음을 느끼지만 독재 정치라도 하듯 무겁게 나를 누르고 있다. 수면에 도움을 주는 알약을 삼켰다. 수면 중 꾸고 싶은 꿈을 꿀 수 있다면 아무도 올라오지 못하는 구름 위에 누워 몸의 긴장을 풀고 숨 쉬는 것이랄까. 아니면 돌아가신 할머니가 나타나 내 손을 잡고 오늘 하루 어땠는지 물어봐주면 좋겠다.

에디터 브이로그 03

 오늘도 어제처럼 늘 가던 커피숍에서 차가운 커피를 주문했다. 오늘은 몸이 가벼운 편이다. 내일이 토요일이라는 점이 신체에 반영된 듯하다. 주문한 커피를 쏟지 않으려고 손끝에 힘을 주었다. 얼음이 가득한 커피 한 모금은 유난히 시원했다. 출근길 사무실로 올라가는 엘리베이터 앞에 직원은 없었다. 왠지 모르게 혼자 엘리베이터를 기다리는 모습이 회사 생활에 완벽히 적응된 회사원 같았다. 사실 나는 사무실과는 어울리지 않는 거리의 예술가였는데. 엘레베이터 거울을 외면하고 휴대폰을 괜히 만지작거리다가 SNS에 아무 사진을 올렸다. 엘리베이터 안의 공기도 주말을 기대하는 듯 밀도가 다르게 느껴졌다. 사무실에 들어서자마자 한 직원에게 "오늘 처리할 일들 다 하였나요?"라고 차갑게 물었다. 직원들은 평소와는 다른 옷을 입었고, 메이크업 상태도 달랐다. 퇴근 후를 기대하는 들뜬 분위기가 느껴졌다. 왠지 모르게 그런 분위기가 거슬리기도 하고 신경 쓰였다. 평소처럼 회의를 하는데, 중요하다고 생각되지 않으면 다음 주로 미뤘다. 사무실 정리 정돈도 평소보다 대충 마무리했다. 퇴근 시간, 나는 사무실을 나왔다. 내 모습이 팝콘 맨 밑에 튀겨지지 못한 알맹이처럼 느껴졌다.

 오늘은 무슨 일이 있어도 특별한 하루가 될 수 있다면 좋겠다고 생각했다. 그렇지 않으면 억울할 것 같았다. 거리의 사람들이 행복해 보였다. 대단한 무언가를 할 것처럼 움직였으나 헤드폰으로 귀를 틀어막고 모든 소리를 차단한 뒤 몸을 혹사시키는 운동을 했다. 금요일 저녁의 고요한 헬스장이 나쁘지 않다. 마음이 홀가분해 운동 능률이 높아야 정상인데, 오히려 운동기구가 더 무겁다. 애꿎은 손바닥의 굳은살만 손톱으로 떼어냈다. 이런 날이면 헬스장에서 아는 사람을 만난다. 갑작스런 긴장에 엄마 매니큐어 냄새라도 맡은 듯 정신이 혼미했고 어쩔 줄 몰랐다. 내가 아는 내가 맞나 의문이 들었다. 챙겨 온 단백질 파우더에 찬물을 넣고 흔들어 마신다. 텀블러 뚜껑을 꽉 닫았는데도 어딘가로 새어 나온 단백질 셰이크가 엄지손을 타고 허벅지와 바닥으로 흘러내렸다. 시야에 들어온 바닥으로 흘러내린 음료의 모습에 속상하고 화가 났다. 흘리지 않았더라면 바닥을 볼 일도 없을 텐데. 닦아내기 위해 몸을 숙이는 것이 어떤 마음인지 아는 사람이 있을까. 그렇게 바닥을 바라보고 있는 게 내 삶을 대변하는 것 같았다. 손에 묻은 걸 운동복에 슥 닦고, 바닥에 흐른 음료는 대충 티슈로 훔치고 신발로 밀어냈다. 슬픈일이 없었는데 컨트롤하지 않으면 감정이 이상할 것 같았다.

 생각을 안 하려 해도 자꾸만 한심한 내 자신이 머릿속에서 떠나질 않았다. 집에 돌아와 현관 비밀번호를 누르는데 나에게서 빠져나가려는 영혼을 겨우 붙들고 있는 것 같았다. 되돌릴 수 없고, 변화할 수 없고, 이미 다 끝나버린 것 같은 부정적인 생각 때문에 괴로웠다. 사실 무엇이 문제인지 나는 잘 몰랐다. 괴롭긴 한데 그 이유가 뭔지, 무엇이 날 괴롭게 하는지도 몰랐다. 따지고 보면 오늘 같은 즐거운 금요일 밤에 괴로울 이유도 없다. 그냥 내가 이상한 거라 생각했다. 곧장 이불 속으로 들어갔다. 춥진 않았는데 숨고 싶었던 것 같다. 창밖에서 차가 지나가는 소리가 유난히 크게 들려왔다. 오늘은 아예 머릿속에 새로움이라는 주제는 없었던 것 같다. 하루는 노력했고, 하루는 노력해야 한다는 의무감을 가졌고, 오늘은 노력하고 싶지 않았을까. 왠지 모르게 내가 쓸모없는 인간은 아닐까도 의심했다. 지친 건지 일이 지겨운 건지도 모호했다.

Editor V-Log ——————————————————————————— **Day.03**

 아이러니했다. 내가 가장 생각하기 싫은 주제가 새로움인데 삶에 가장 필요한 것이 새로움이었다.
 반복적이고 지겨운 듯한 일상이 새로움에 대해 말하려는 나에게 매우 불리한 조건일 것 같지만 사실은 가장 좋은 전제 조건이었다. 해방하고자 하거나 혁명을 일으키려는 그런 비장함이 아니더라도 달라지고 싶은 욕구는 새로움의 출발점일 수 있다. 그동안의 세상에서 새로운 변화는 그렇게 시작되었다. '나'라는 작은 세상도 새로움을 암시하고 있는 듯했다. 빠른 속도로 바닥으로 떨어지고 있는 것 같은 시간들. 만약 떨어지고 있는 것이 유리병이 아닌 농구공이라면 그것은 깨지는 미래가 아니라 하늘을 향해 튀어 오를 미래일까. 마음을 정하기 전까지 새로운 미래는 눈앞에 펼쳐지지 않는다. 용기를 추가하기보다 두려움을 없애는 쪽이 새로워지는 속도에 도움이 될까?

파랑으로 통하는 (a blue passage) 01, 02. Seoul. 2023

#키워드 새로움

Keyword.New

01. 태아   "저에게 새로움은 태아인 것 같아요."

02. 만남   "만남은 새로운 사연을 암시하고."

03. 혁명   "우리는 지속적으로 새로운 혁명을 일으켰죠."

04. 눈높이   "서로의 눈높이를 맞춰주는 것이 새로운 미래를 위한 시작 아닐까요?"

05. 운동   "뭐니 뭐니 해도 운동을 통해 새롭게 삶을 시작하는 게 좋겠죠."

06. 지렁이   "비가 온 날 보이는 지렁이는 매우 새로워요."

07. 시간   "시간에 따라 계속 새로운 레이어가 생기죠."

08. 라면   "라면을 먹으면 배 속에 새로운 지방이 쌓이죠."

09. 면봉 (병원에 꽂혀 있는)   "위생을 위해 항상 새 면봉을 사용하죠."

10. 아빠 카드   "새로운 것을 구입할 땐 아빠 카드만 한 게 없죠."

11. 누나 아이라이너   "아이라이너만 있으면 누나가 완전히 새로운 사람이 되더라고요."

12. 장난   "요즘은 장난을 칠 일이 없는데, 장난을 치는 것이 새롭게 느껴져요."

13. 결정   "새로운 시작을 위해서는 마음의 결정을 꼭 내려야죠."

New Number

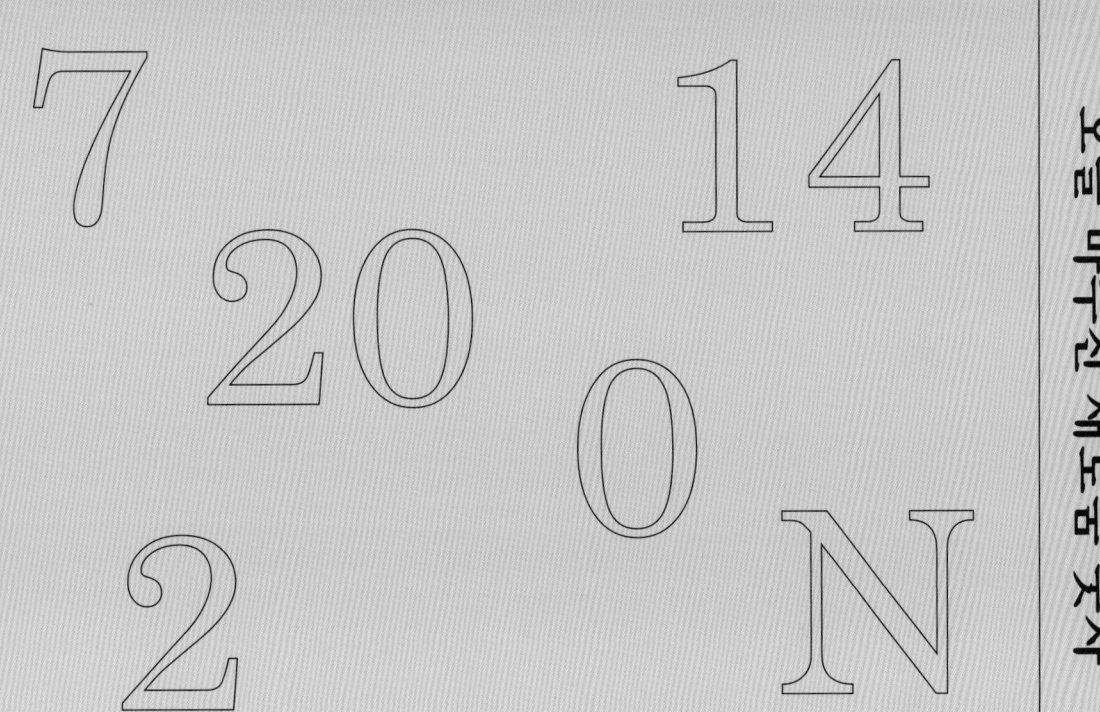

오늘 마주친 새로운 숫자

오늘 새롭게 보게 된 것 7개
곰팡이 핀 떡, 택배 상자, 프로젝트 매니저, HDMI 구멍 모양, 문틀 사이의 먼지, 신발 밑창에 붙은 껌, 목주름

새롭게 업로드된 콘텐츠 20개
지인 인스타그램 16개, 구독 중인 유튜브 2개, 넷플릭스 1개, 디즈니 플러스 1개

새로 구매한 것 N개
짱구 엽서, 노트, 읽을 책, 패딩 조끼, 주꾸미 밀키트, 프로틴 셰이크, 무선 마우스, 헤어 왁스 등

새롭게 느껴지는 것 14개
더 커진 듯한 몬스테라, 손등의 주름, 회사 대표님, 작아진 듯한 립밤, 성의 없어진 듯한 김밥, (고)박서보 선생님의 작품, 횡단보도, 자동차 엔진 소리, 빼빼로 두께, 엄마의 얼굴, 곰탕의 색상, 아기 같았던 조카, 초등학교 운동장, 얼음이 녹는 속도

새롭게 맛본 음식 0개
이미 다 어디에선가 맛을 보았다고 판단

기분이 좋아 새로운 호르몬이 나왔던 순간 2번
주차 자리가 넉넉한 순간, 막막한 업무를 누군가가 대신 해준다고 했던 순간

Finding something new in things you think you know everything about

"다 알고 있다고 생각하는 것에서 새로움을 찾아내는 것."

익숙한 것을 새롭게 보기

새로움이라는 것이 어쩌면 별거 아닐 수도 있다. 그냥 뒤돌아보기만 해도 새로울 수 있으니까. 혹은 좁은 시야를 넓혀주기만 해도 모든 것들이 새로울 수 있으니까. 또한 무에서 유가 생겨나는 것도 의미 있는 새로움이지만 나의 시각을 다르게 해서 새롭지 않은 것을 새롭게 보는 일도 의미가 있는 일일 수 있으니까. 별것 아닌 것 같은 나를, 지난 시절 자책에 빠졌던 나를, 모르는 것투성이인 조그만 나를 누군가는 새롭다고 느낄까. 그렇다면 나는 누군가에게 특별한 사람일 수도 있는 걸까. 갑자기 새롭게 등장한 나를 누군가는 불편해할까. 잘 안다고 생각했던 사람이 새롭게 느껴지는 순간은 언제였을까. 그 사람의 의외성을 느꼈을 때? 아니면 그 사람이 어렵게 털어놓는 이야기를 들었을 때?

무언가를 볼 때 고개를 요리조리 갸우뚱해보고, 잠시 눈을 감았다가 떠서 바라보거나 동공의 힘을 풀고 보면 그 무언가에서 새로움을 발견하는 일에 큰 도움이 된다. 다 알고 있다고 느끼는 것에서 새로움을 발견하는 순간 나는 스스로 빛을 낼 수 있는 별처럼 몸 어느 한 곳 어두운 데가 없는 것 같다. 눈앞에 있는 새롭게 발견된 대상이 아름답다고 느낀다기보다 마주하는 새로움과 연결되어 함께 아름다움을 만들어내고 있다는 표현이 맞을 것이다. 그 감정이 내가 예술을 하고 싶었던 이유인지도 모르겠다. 새로운 결과를 만들기보다 새롭게 연결되는 눈부신 순간과 경험을 누군가에게 알려주고 싶었나보다.

무언가를 전부 알고 있다고 단정 짓는 것은 단점이 많지만 장점도 있다. 새로움을 느끼기에 최적의 환경일 수 있다는 것. 아이러니하게 마음이 열려 있는 사람에 비해 닫혀 있는 사람이 느끼는 새로움의 크기가 더 큰 것 같다. 내가 쓴 글을 읽는 사람들이 주변의 익숙한 것들을 다시 볼 수 있었으면 좋겠다. 그것도 노력과 연습이 필요하다. 그 수고가 반복되면 사람을 볼 때에도 조금은 다르게 볼 것이다. 책이나 영상물 가운데 마음을 다치지 않는 방법, 상처받지 않는 방법을 소개하는 것들이 무수히 많은데 나를 보호하는 것도 중요하지만 내가 누군가의 가해자가 되지 않는 것에 대한 고민도 중요한 일이 아닐까 생각해본다. 내가 만약 사람을 조금 더 구석구석 보고, 호기심을 갖고, 무언가를 느끼려고 노력하면 MBTI나 매뉴얼과 상관없이 누군가에게 해를 가하는 일이 없어지고, 그러면 상처를 받는 피해자도 줄어들 것이다. 이 생각이 맞다면 추가로 생기는 덤도 있다. 아름다움을 찾아 헤매지 않아도 눈앞의 모든 것들이 아름다울 수 있다. 아름다움을 느끼는 일이 중요한 이유는 고인 물을 다시 흐르게 해주기 때문인 것 같다. 나를 썩지 않게 해준다. 과학적으로 증명되진 않았지만 그것을 느껴본 사람은 잘 안다.

과제 1. 익숙한 것을 새롭게 보기. 방법은 따로 없다. 자신만의 방법을 찾는다.
과제 2. 새로운 것을 익숙하게 만들기.

새로운 것인가, 새롭게 볼 것인가

새로운 것인가, 새롭게 볼 것인가

새롭게 세상을 바라보기

세상에 새롭게 생겨난 것들에는 관심이 없다.
새롭게 세상을 보려는 것에만 관심이 있다.

왜 세상을 새롭게 바라봐야 하는데?

"무언가에 감탄할 수 있는 기회가 늘어나니까."
"드라이했던 내 자신이 촉촉해질 수 있으니까."
"고정된 줄 알았던 나 자신을 다르게 볼 수 있으니까."
"내 몸이 그것을 원하니까."
"다시 시작할 수 있으니까."
"그래야 억울하지 않을 것 같으니까."
"새로운 모든 것들은 시간이 지나면 낡은 것이 되지만,
세상을 새롭게 보는 태도는 세상 모든 것들을 낡지 않게 만들 수 있으니까."

전통을 지킬 것인가, 새롭게 변화할 것인가,
아니면 전통을 지키면서 새로움을 찾아낼 것인가.

무대 아티스트 - 이희문

" 나다움이 가장 새롭다 "

Interview.02

새로움을 주제로 인터뷰를 한다면 이분만큼은 온갖 수단을 동원해서 섭외해야 한다고 생각했다. 가장 전통적인 재료로 새로운 것을 찾거나 만들었고, 해외 채널에서 최초의 기록을 세웠다. 개인적으로 궁금한 것도 많은 분이었다. 그리고 나의 새로운 미래를 위해 인터뷰를 핑계로 이분을 깊게 만나보고 싶은 사심도 채워보고자 했다. 인터뷰를 수락해 주신다는 답변이 왔을 때 자리에서 팔짝 뛰며 크게 박수를 치고 소리를 지르다가 먹던 김밥을 다 쏟았던 기억이 생생하다.

'새로움'이란 무엇이라 생각하나?

내 관점에서 더 이상 '새로운' 것은 없다. 그럼에도 우리가 느끼고 있는 새로움이 무엇인가를 말하자면 각자에게 있는 '~스러움'인 것 같다. 그 사람만이 가지고 있는 무언가가 있는데 그것을 드러내는 무언가가 새로움은 아닐까, 라는 생각이 든다. 그 무언가가 영민하게 잘 드러났을 때, 그것을 목격하는 순간 나에겐 새로움이라는 에너지가 다가온다. 신선하다. 예를 들어 같은 학교, 같은 반에서 동일한 무언가를 학습하는 순간에도 각자가 느끼고 받아들이는 정도에는 차이가 있다. 살아온 환경이나 생활 습관 등이 서로 다르기 때문에 어쩌면 당연하다. 어떤 것이 그 사람스럽게 발현되는 지점에서 새로움은 발생된다고 생각한다. 자신에게 솔직하거나 진정성이 있을수록 튀어나오는 새로움은 새롭다는 것을 넘어 기존에 보지 못한 특별함이 된다.

나는 민요를 오랫동안 불러왔다. 정해진 민요를 세상에 하나뿐인 '나'라는 인물이 부르면 일종의 협업처럼 새로운 가능성이 생긴다. 덧붙여 어떤 뮤지션을 만나는가에 따라 그 민요의 얼굴은 완전히 뒤바뀌기도 한다. '그 사람스러운' '우리스러운' 완성이랄까. 원곡을 '나스럽게' 혹은 '우리스럽게' 편곡할 때 다름을 넘는 차별성이 생기는 것 같다. (SUNSEA : 그것이 완성된 결과물을 보았을 때 자신의 정체성이나 스타일이 묻어나면서도 새롭고 신선하게 느껴진 비결이었던 것 같다.) 후배들이 그런 말을 한다. (웃음.) 내가 다 해버려서 할 게 없다고, 더 이상 새로운 것을 만들 수 없다고. 그것은 신대륙을 먼저 발견해서 더 이상 발견할 수 있는 대륙이 없다는 것 같은 뉘앙스인데, 내가 한 것은 신대륙을 발견한 것이 아닌 그저 나를 발견하려 노력한 것이었다고 생각한다. 어쩌면 그렇게 거창한 일은 아니다. 그런 말에 조금 화가 올라올 때도 있다. 물론 결과만 보면 시대적으로 내가 운이 좋은 편이라고 할 수는 있지만 훨씬 더 나은 상황에 있었다고 생각되지는 않는다. 나는 이 시대에 어떤 것들이 먹힐까 고민하기보다 내가 무엇을 할 수 있을까를 더 깊게 고민한다.

새로움을 색으로 말하자면 무슨 색이라고 할 수 있을까?

황토색, 된장색이 떠오른다. 새로운 건 없는 것 같다고 이미 말했다. 같은 맥락에서 새로운 색도 없다. 색상환은 이미 완성되었다. 하지만 우리가 찾아야 하는 새로움은 색상환에 없는 색이 아니라는 생각이 든다. 된장은 삭으면 삭을수록 맛이 깊어진다. 1년 뒤, 2년 뒤 그 된장의 맛은 새로운 느낌을 준다. 개인적으로 장을 좋아하는 것도 한몫한다. 나는 지방에 내려가 뭔가 건강하게 살고 싶다는 로망이 있다. 〈한국인의 밥상〉이라는 프로그램에 출연했을 때 이모의 고추장을 찾아가는 에피소드를 다루었는데, 이모가 만들어주신 강원도 고추장에 너무 오랜 시간 길들여져 살다보니 이모가 돌아가시면 그것을 먹지 못할 수도 있겠다는 슬픔에 장 담그는 방법을 직접 배우려고 도전했다. 그런데 장은 잘 만드는 것도 중요하지만 익으면 익을수록 좋은 맛을 냈다. 내가 하는 소리의 영역도 비슷하다. 노래를 잘하는 것도 중요하지만 시간이 흐르면서 더 좋은 소리가 된다. 예술이라는 것이 다 그런 것 같다. 단단하고 무르익은, 시간이 담긴 색의 상징으로 황토색, 된장 색이 새로움의 색이라고 생각한다.

작업에서 포커스가 되는 부분은 무엇인가?

나이별로 달랐던 것 같다. 20대, 30대, 40대 더 나누자면 각각의 초반, 중반, 후반마다 무언가를 느끼는 게 전부 달랐다. 그 시기별로 하고 싶은 것들이 달랐던 것 같다. 어렸을 때는 무언가를 보여주고 싶다는 욕구가 강했다. 덜어내는 것이 힘들었다. 하지만 시간이 지나면서 점차 덜어내고 심플해지는 과정을 겪었다. 요즘에는 소리를 할 때 반주 없이 오로지 내 목소리만으로 무언가를 전달해보라는 뚝심도 생겼다. 이런 내가 새롭다. 어쩌면 점차 실체를 보여주려는 것 같다. 진짜의 모습을 보여주려고 하나씩 꺼풀을 벗어내듯. 점차 생겨나는 변화라면 덜어내는 것이다. 본질적인 소리의 얼굴을 보여주고 싶어진달까. 그런 마음에 추가적으로 내 이야기 자체도 그렇게 솔직하게 해보려고 조금씩 더 용기를 내게 된다. 사실 나도 두려움이 많았다. 용기를 내는 것이 쉬운 일은 아니었다. 이전에 안은미 선생님으로부터 긍정적인 영향을 받고 용기를 내는 계기를 얻었는데, 실은 7년 동안 그런 얘기를 해주셔도 알아듣지를 못했다. (웃음.) 나름대로 무언가를 규정해두고는 피하고 도망쳤다. 나와는 관계없는 일이라는 생각도 했었다.

새로움에는 어떤 특징이 있다고 생각되나?

일단 기쁨이 있겠다. 어제는 친구와 무엇을 했고 오늘은 선시(SUNSEA)를 새로 만났다. 기쁨과 함께 기대도 있고 '저 사람과 뭔가를 같이 하면 무엇이 나올까'라는 궁금증에서 오는 설렘도 있다. 가능성을 꿈꾸기도 하는데, 그런 순간이 기쁘게 느껴진다. 물론 모든 경우가 그런 것은 아니다. 반대의 경우도 때로 겪어야 하지만 모두 삶이라는 공부 아니겠는가. 새로움을 겪는다는 것이 그런 긴장이기도 하다.

나는 어젯밤 새것과 새로움에 어떤 차이가 있을까 고민하고 오늘 인터뷰를 하러 왔다. 이에 대해 어떻게 생각하나?

(웃음.) 새것은 부수는 이미지가 떠오른다. 파괴 같다. 그에 반해 새로움은 위에서 말했듯 '~스러움'이다. 새로움에는 무언가를 다시 살려내는 힘도 있다. 새것은, 예를 들면, 집을 부수고 새롭게 다시 짓는 쪽이라면 새로움은 있던 집의 리모델링이나 재해석이라고 말하고 싶다. 리모델링의 경우 그 집의 역사와 거기 스며들어 있는 정서가 여전히 남는다. 그때는 미처 몰랐으나 시간이 흘러 이제야 보이거나, 전혀 다른 사람이 볼 때 발견되는 것들도 있다. 우리나라에는 새것이 너무 많다. 재개발도 많고, 새로 짓는 건물도 많다. 여수는 엑스포를 진행하면서 구시가지의 모습이 많이 바뀌었다. 여수스러움을 찾는 것이 어려워졌다. 새로운 도시로 탈바꿈되긴 했으나 여수처럼 느껴지지 않았다.

새로운 무언가를 세상에 내놓기 위해 무엇이 필요하다고 할 수 있을까?

정확히는 나도 잘 모르겠지만 얘기했던 '~스러움'의 시작이 용기를 내는 것부터라는 생각이 든다. 용기가 부족하면 일단 자신만의 '~스러움'은 나오지 않을뿐더러 다른 것으로 채우려고 애쓰게 된다. 알맹이가 없는 것처럼 보인다. 표피만 새로울 뿐, 의미 없는 새로움이다. 자신의 주관을 솔직하게 얘기하면 그게 누구든 새로울 수 있다. 나와 다르다는 점에서 느껴지는 새로움이다. (SUNSEA : 공감하는 부분이 있다. 누군가의 솔직함을 볼 때, 동시에 나 자신의 솔직함도 보게 되는 것 같다. 그것은 사람의 힘인 것 같다. 그 과정에서 나와 다르다는 점에서 느껴지는 상대방의 새로움이 있는 것 같다.) 자신만의 '~스러움'을 영민하게 보여주는 무대, 누구의 이야기인지 모호하면서도 공감대가 있는 무대가 좋은 무대라고 생각한다. 현대무용은 사실 얘기하는 방식도 여러 가지이고 보는 시각도 저마다 달라서, 그러니까 오히려 너무 다양한 새로움 때문에 새로움을 느끼기 어려울 수 있다. 내가 하는 민요가 새롭게 보이는 이유 중 하나는 경기민요를 나처럼 하는 사람이 많이 없기 때문이다. 상대적으로 도드라져 보이고, 독특해 보일 수 있다. 다음 후배들은 더 진화가 되든가, 새로운 방향을 제시해야 한다는 숙제가 있을 텐데 그것이 나와 다른 것이 아닌 '나는 이렇다'라는 '~스러움'이라면 얼마든지 새로워지지 않을까. 그리고 그것이 가능하려면 새로운 것을 만들겠다는 의지를 갖기 이전에 용기를 먼저 배워야 하는 건 아닐까. 그리고 꼭 새로워야 할 필요가 있을까.

매번 새로운 무언가를 무대에서 보여준다는 것은 어떤 느낌인가?

얘기했지만 매번 새로운 무언가를 보여준다고 생각하지 않고 '나다움'을 보여준다고 생각한다. 모든 이야기가 '나'로부터 시작된다. 그런 면에서 배우들을 보면 대단하다는 생각이 든다. 나는 남의 이야기를 하는 것은 어렵게 느껴진다. 내 이야기를 하는 것이 가장 안전하다고 생각한다. 그렇게 내 이야기를 하면 나도 탈탈 털리고, 주변인들도 탈탈 털린다. (웃음.) 내 이야기를 나만의 방식으로 하는 것에 대해 어머니가 걱정을 많이 하셨고, 불만도 있었는데 이제 연세가 80 가까이 되니 다 내려놓으신 듯 "그래. 하고 싶은 거 다 해라"라는 반응을 하시더라.

Interview.02 민요 베이스 무대 아티스트 이희문

근래에 느꼈던(혹은 보았던) 새로움이 있다면 무엇인가?

나는 드라마를 무척 좋아한다. 최근 본 작품 중에 〈무빙〉이 인상적이었다. 재미도 재미지만 매우 새로웠다. 미국식의 히어로물이 아닌 한국스러운 유니크한 히어로물이 등장했다는 것에 너무 기뻤다. 새로운 양식을 만든 것만 같다. 한국이기 때문에 만들 수 있는, 한국에서만 가능한 특별함이 있다.

만약 새로움이라는 주제로 무대를 해야 한다면 어떻게 할 것 같나?

'새로움은 없다'라는 정의를 시작으로 진행하면 흥미로울 것 같다. 새로운 것이 없다는 시작에서 무수한 새로움을 찾게 되는 과정을 통해 다양한 감정을 느낄 것 같다. 우리가 무엇을 규정할 수 있을까.

공연했던 작품 중에 가장 새로웠다고 말할 수 있는 것은 무엇인가?

안은미 선생님에게 내 발로 찾아가 연출을 부탁했던 작품 〈오더메이드(주문제작)〉이다. 일본에서 유학을 했어서 일본식 영어이다. '커스텀 메이드'가 원래는 맞는 표현이다. 기성복처럼 일정한 기준에 맞춘 것이 아닌 나에게 맞는 무대와 연출, 음악과 장치에 대한 레퍼토리를 해보겠다는 의도에서 시작했다. 소리 중에는 민요도 있지만 장구만 가지고 하는 긴 소리 잡가가 있다. 그 잡가는 12곡이 있는데, 그 곡을 완창해야 할까 고민하다 춤을 추고 싶다는 생각이 떠올랐다. 그저 춤을 추며 노래하고 싶었다. 무대연출가였던 안은미 선생님과 음악감독인 장영규 님, 이태원 님에게 춤을 추며 노래하고 싶다는 것만 던졌다. 그 작품이 씽씽을 시작한 시발점이 되었다. 내가 했던 작품 중에 가장 새로운 시도였다.

*씽씽. 대한민국 기반의 퓨전 국악 음악 그룹이다. [미국 공영 라디오 방송 NPR의 인기 프로그램인 〈타이니 데스크 콘서트(Tiny Desk Concert)〉]에 출연하여 많은 해외 팬들에게 우리나라 민요를 알렸다. (〈타이니 데스크 콘서트〉에는) 아델, 존 레전드, 잭 존슨을 비롯한 전 세계 유명 뮤지션들이 출연했다. 씽씽의 영상은 당시 커다란 이슈가 되었으며, 현재 800만 이상의 조회 수를 기록 중이다). https://www.youtube.com/watch?v=QLRxO9AmNNo

*안은미. 전 세계적으로 주목받는 다양한 히트작을 보유한 현대무용가이다. 1962년 경북 영주에서 태어나 12세에 고전무용을 시작했다. 이화여대를 졸업한 뒤 1988년 서울에서 안은미컴퍼니 창단 공연을 가졌고, 서울올림픽 개막식 리허설 디렉터로 활약했다. 이후 뉴욕대학에서 석사 과정을 마쳤다. 〈별이 빛나는 밤〉으로 공연비평계의 최고 권위를 자랑하는 〈뉴욕타임스〉로부터 '눈부신 상상력과 재치로 가득한 마술 같은 환상을 보여주는 무대'라는 평을 이끌어냈다. 2011년에는 한국인 최초로 영국 에든버러 인터내셔널 페스티벌에 초청되기도 했다(네이버 지식백과 시사상식사전 [참고]).

오랜 시간 무대예술 계열에 있으면서 많은 것들이 변화했을 것 같다. 무엇이 변한 것 같나?

순수예술의 범주에 있는 공연예술에서 가장 어려운 점은 홍보라고 생각한다. 공연을 만드는 예산도 빠듯한데 홍보까지 하려면 힘이 든 건 어쩔 수 없다. 극장의 기획 공연이나 특별한 다른 장치가 없는 한 더 어렵다. 하지만 소셜 네트워크가 등장하면서 본인이 부지런하게 활동하면 다수에게 공연을 알릴 수 있는 창구가 생겼다. 반면 그것을 따라가지 못하는 사람은 뒤처지는 양극화 현상도 있다. 사실 공연 계열에 있는 사람들이 SNS를 잘할 리가 없다. 환경적으로 그렇다. 보통은 현장을 좋아하는 사람들이다보니 성향적으로도 그렇다. 멀티가 가능해져야 하는데 그것에 적응해나가는 것이 쉽지 않다. 다만 잘만 활용한다면 상당한 효과를 가질 수 있다. (SUNSEA : 나도 그 말에 동의한다. 학교의 안무가 과정에서 SNS를 비롯한 디지털 피알을 배워야 한다고 생각한다. 공연예술이 전문가만의 리그에 그치는 것이 아니라 대중화될 수 있도록 하는 방안 중의 하나인 것 같다. 또한 모든 안무가들이 공연 날짜가 다가오면 빈 좌석을 채우기 위해 전전긍긍한다. 티켓 수익 구조만 잘 세팅해도 어느 정도 지원금 외에 공연을 유지하는 것에 도움이 된다. 요즘은 BTS 같은 가수도 자신들의 채널에 콘서트를 홍보한다. 또한 내 작품을 해설할 수 있는 기회가 되기도 한다.)

내가 지금 너무 새롭다. 무대예술 쪽에서 '이희문'은 전설 같은 존재 아닌가. 언젠가 안무가로 성공하면 만날 수 있을까 싶었는데, 이렇게 인터뷰를 통해 얼굴을 보고 이야기한다는 자체가 믿기지 않는다. 전설의 이희문에게도 삶에서 아쉬운 사건이 있었나?

(웃음.) 나는 수줍음도 많고 모르는 것도 많은 평범한 서울 시민이다. 일본보다는 미국으로 유학을 갔더라면 어땠을까 하는 아쉬움이 있다. 내가 어릴 때는 유학에 대한 정보가 많지 않았는데, 미국이라는 나라에 가는 것이 두려웠다. 어쩌면 미국을 가지 않은 아쉬움이라기보다 용기를 내지 못했던 아쉬움인 것 같다.

앞으로 새로운 계획이 있다면 무엇인가?

향후 10년 안에 영화를 한 편 만들고 싶다. 그리고 소박하게 장 담그는 일을 하고 싶다. 고추장 명인이 되고 싶다. (웃음.)

차들은 정면을 향해 설계되었는데, 삶과 비슷해보인다. 직진과 후진이 분명하다.
앞뒤가 없는 새로운 차는 없을까?

내가 보는 것의 반대편

　나의 경우 무언가에 깊이 몰두하다보면 정면만이 오롯한 방향이 된다. 그런 내가 싫지만 성향이 그렇다. 나도 모르게 정면을 기준으로 판단하고 세팅된다. 그 안에서 답을 찾으려 스스로를 혹사시키기도 한다. 나름 체계적이리 점점 더 먼 곳을 바라보게 했다. 그 과정에서 내가 찾아 헤매는 무언가가 보이지 않는 저편에 존재할 것이라 믿었다. 그렇게 나의 정면을 향하는 화살표는 더욱 단단해져갔다. 정면을 향해 직진하는 것에 어떠한 의심도 없었다. 그렇지 않은 누군가에게 핀잔을 주기도 했다.

　보이지 않는 곳을 향해 줄타기라도 하듯 고개를 하나 넘어가면 또 다른 고개가 있었다. 그 고개를 넘어서면 또다시 고개가 나왔다. 그럼에도 내가 찾는 무언가가 저 멀리에 있을 거라고 굳게 믿으며 절대 포기하면 안 된다고 생각했다. 꾸준히 한 발자국씩 나아가다 보면 분명 찾게 될 것 같아 성실했다. 하지만 그런 의지에도 때로는 지쳐 주저앉았다. 멈춰진 상태에서도 여전히 정면을 향했다. 고된 길에 슬럼프가 왔기 때문이니 조금 쉬고 나면 괜찮아질 것이라 스스로를 타일렀다.

　그런데 그럴 때면 왠지 모르게 쓸쓸함을 느꼈다. 다음부터는 아무리 힘들어도 중간에 멈추면 안 되겠다는 생각을 했다. 외로움을 느끼며 나약해져가는 내 자신이 싫었다. 때로 저편에 존재하는 무언가가 미웠다. 뭔지도 모르지만 그 모르는 대상에 화가 났다. 하지만 그것도 잠시, 마치 내가 그것을 찾아내기 위해 태어난 존재인 것처럼 그것을 향해 다시 직진했다. 그게 당연한 일이니까. 내가 찾는 무언가가 어딘가에 확실히 있을 거라는 보장이 있는 건 아니었다. 꽤나 먼 거리를 나아갔고 나이도 들어갔다. 결국 여전히 찾고자 하는 것을 찾지는 못했지만 믿음에 변함은 없었다. 남은 게 있다면 정면으로 직진하는 노하우에는 전문가가 되어 초보 직진자에게 직진을 잘하는 방법에 대해 알려줄 수 있다는 것이었다.

　오늘은 뭔가 기분이 이상했다. 발이 무거워져 앞으로 나아갈 수 없었다. 내가 다른 사람인 것처럼 느껴졌다. 왠지 모르게 돌발 행동을 하고 싶었다. 돌연 뒤로 돌았다. 특별한 계기는 없었다. 바라만 보던 방향의 반대편을 처음 마주했다. 반짝였다. 아름답고 새로웠다. 내가 지나온 곳이라는 것을 믿을 수 없었다. 뜨거운 태양을 두 눈 부릅뜨고 정면으로 바라보다가 뒤를 돌아보니 태양빛에 물들어 저마다의 존재가 눈이 부시도록 반짝거렸다. 무슨 말을 해야 할지 알 수 없었다. 누군가가 나를 봤다면 넋이 나갔다고 말했을 것 같다. 넋이 나간 나의 어깨를 스치며 다른 누군가는 자신의 정면을 향해 직진하며 사라졌다.

　나는 다시 정면을 바라볼 수 없었다. 지금 시점에서는 과거의 뒤쪽이 나의 정면이기도 했다. 심장 박동 수가 올라가면서 호흡이 비정상적으로 가빠졌다. 숨을 쉬는 게 어려웠다. 울지 않으려고 눈썹을 위로 찡긋 올렸다. 왜 이런 감정이 드는지 잘 몰랐다. 또다시 태양을 향해 눈을 뜨고 싶지 않았다. 그동안 눈이 많이 아팠다. 지금 내 모습이 뒤를 돌아보면 돌이 되어버리는 신화처럼 단단하게 굳었다. 손으로 당겨 잡고 있던 헬륨 가스 가득한 풍선들을 놓아버린 것처럼 손에서 힘이 빠져나가기도 했다. 뭔가 마음이 더 편해지면서 삐쭉 올라와 있던 몸이 액체처럼 퍼져 내려갔다. 한동안 눈앞에는 지나왔던 시간들만 보였다. 그 시간들을 흘려보내니 다시 반짝이는 세상이 눈에 들어왔다.

내가 보는 것의 반대편

정면으로 직진하느라 보지 못한 것들이 많았다. 사실 본 게 없다는 표현이 맞다. 카논 악보와 같이 야생화가 늘어진 길이 있었고, 키보다 깊게 뿌리를 내린 듯한 몸통 굵은 느티나무도 있었다. 나와 눈을 마주치고는 수줍게 웃는 사람들도 있었다. 보이는 것들이 과분하게 아름다웠다. 모든 게 새로웠다. 새로운 삶이 주어진 것 같았다. 문득 과거에 그토록 찾아 헤매던 것이 무엇이었는지, 왜 그것을 찾고 싶었는지 스스로에게 질문했다. 사실 그것도 고민해보지 않고 직진했던 과거에 웃음이 나왔다. 여정의 출발점으로 거슬러 올라가니 그곳에는 아주 조그만 내가 있었다. 조그맣던 내가 세상을 보는 방식은 고개를 드는 거였다. 고개를 들고 보았던 세상 사람들은 시선을 정면에 두었기 때문에 나를 위해 고개를 숙이지 않았다. 누구라도 나를 봐주었으면 좋겠다고 생각했다. 그때부터 누군가에게 인정받고 싶었던 것 같다. 인정받는 것이 사랑받는 것이라 생각했다. 목적지에 도착하면 사람들이 인정해줄 거라고 믿었다.

정면으로 직진하지 않는 일상의 아침은 새롭다. 찾고자 하는 것이 사라진 뒤로 주변을 돌아보느라 그간 고정되어 있던 목뼈들이 분주하다. 무언가를 찾으려고 하지 않으니 꽤 많은 것들이 눈에 들어왔다. 직진을 하지 않는 사람들은 나를 보기 위해 고개를 갸우뚱거리며 움직였다. 그들은 본인의 직진을 위해 내가 도움이 되는 사람인지 가늠하는 것 같지 않았다. 그저 현재의 나를 보고 있는 듯했다. 눈썹이 어떻게 생겼는지, 눈 옆 흉터에는 무슨 사연이 있는지, 입술의 주름은 얼마나 많은지. 직진의 방향과는 거리가 멀어 보이는 것들을 바라보며 예쁘다는 말을 했고 우리 모두가 소중하다고 했다. 이들에게 중력은 다르게 적용되는 것만 같았다. 그렇게 말하는 사람들의 눈이 내가 마주했던 태양보다 빛나고 뜨겁다. 누군가에게 인정받을 가능성은 사라졌지만 나도 웃을 수 있다는 것을 알게 되었으니 여한이 없다.

나에게 새로움이 무엇인지 질문한다면 이렇게 대답하고 싶다.
"지금 내가 보고 있는 것의 반대편, 그것이 새로움은 아닐까?"

관찰자 (The observer) 01 . Marble Canyon . 2022

"그냥 길을 잃지 않으려고 노력 중이야."
도노반 우즈(Donovan Woods)의 <번 댓 브릿지(Burn That Bridge)> 중에서

탄생

새롭게 세상에 등장한 건 나인데,
원래 존재했던 세상 모든 것이 새롭고 궁금하다.
새로움을 찾는다는 것은
기억하지 못하는 나의 탄생 당시로의 회귀 본능은 아닐까.

Birth

Cafe. Noise
카페노이즈

5분 동안만 귀를 기울여도 새로움에 대한 다양한 레퍼런스를 들을 수 있다.

"너무 울적해서 머리를 새로 했어. 어때?"
"너무 예쁘다."
(7m, around me, west)

"대박 사건. 이번에 드라마 새로 업데이트된 거 봤어?"
(6m, around me, west south)

"나 그냥 태블릿 피시를 새로 살까 고민 중이야."
(8.8m, around me, west south)

"새로 나온 커피 메뉴인데 한정판이래!"
(3m, around me, west south)

"이번에 새롭게 론칭하는 스타트업 브랜드인데요. 기존의 타사 제품들과 어떤 차별성이……."
(7m, around me, east)

"지금 만나는 여자 친구와 1주년인데, 새로운 여자 친구를 만나고 싶어."
"??"
(6m, around me, west)

ME

"이 동네에 젠틀몬스터 사옥이 새로 들어온대. 동네가 더 시끄러워지겠어."
(5.5m, around me, east)

"직원이 새로 들어와서 그걸 빠뜨린 것 같아요. 다시 준비해드려도 될까요?"
(3m, around me, north)

전부에서 일부가 되는 짧은 순간과
일부에서 전부가 되는 빠른 순간

WORKSHOP

WORKSHOP GUIDE
: QR코드의 사운드를 플레이하면서 진행하면 더욱 효과적이다.

1. 종이 한장을 뜯어서 적당한 벽에 붙인다. 원 그림을 그린다.
   (벽으로부터 성인 보폭으로 열다섯 걸음 정도 거리를 둘 수 있는 공간에 붙이는 것이 좋다.)

2. 원과 눈 사이의 거리가 40-50센티미터 정도 떨어진 곳에 서서 원을 멍하니 15초가량 바라본다.

3. 시간이 지나면 천천히 숨을 들이마시고, 한숨을 쉬듯 뱉어낸다.

4. 오른쪽 발바닥에 무게를 주면서 가벼워진 왼발을 10센티미터가량 뒤로 옮겨준다.
   자연스럽게 왼발로 지탱되는 무게를 인지하며 가벼워진 오른발도 같은 방식으로 뒤로 옮겨준다.
   눈과 원의 직선 관계는 유지한다.

5. 발을 이동할 때는 주변의 소리에 귀를 기울인다.
   고요한지, 적당한 소음이 있는지, 혹은 나의 숨소리가 들리는지.
   몸 안에서 혈액이 흐르는 섬세한 소리까지 들을 수 있다면 좋다.

6. 그렇게 5회 차 뒷걸음, 10회 차 뒷걸음, 15회 차 뒷걸음에 따라 시야 프레임의 변화를 감지해본다.

7. 스텝 15회 차에 도달하면 양발에 동등한 무게를 주듯 바닥을 누르고 어깨의 긴장을 풀어준다.
   한숨을 쉬어주면 도움이 된다.

8. 시작했을 때와 종료했을 때의 시각 프레임의 차이에 대해서 막연하게 떠올린다.
   (멀어진 자리를 유지한다.)

9. 평상시의 걸음걸이로 출발 장소로 돌아간다. 그렇게 2번의 상태로 돌아간다.

거리에 따라서 무언가가 다르게 보인다.
무언가가 나로부터 멀어지거나 가까워질 수 있고, 내가 무언가로부터 멀어지거나 가까워질 수 있다.
내가 요구하는 속도는 공통적으로 해당 되는 시간을 자유롭게 펼치는 은유적 감각 쪽인 것 같다.
힘의 강도는 부드러울수록 좋다.

세상 모든 것들은 언젠가는 옛것, 낡은 것이 되는 걸까. 지나간 것이라고 표현하는 게 맞는 건 아닐까. 어차피 지나간 것이 될 텐데 어째서 나는 그토록 새로운 것을 찾아 헤맸을까. 이 세상을 살고 있는 나라는 존재는 어디쯤에 위치하는 걸까. 이미 새로운 세대는 아니니 점점 멀어져가는 쪽일까. 모든 존재는 무언가로 특정되는 순간 그것과의 거리가 생기는구나. 그 거리는 멀거나 가까움으로 추상적이지만 이해할 수 있을 것 같다. 나는 시간의 흐름 속에서 무언가로부터 멀어지고, 무언가와 가까워지고 있다. 우리는 물리적 시간으로부터 자유로울 수 없기 때문에 다가오는 새로움에 대한 기대와 지나간 시간에 대한 그리움을 가슴에 안고 살아가고 있나. 위 워크숍은 고등학교 졸업식 날 칠판에 누군가가 그려놓았던 원을 떠올리며 구상했다. 한 발자국씩 천천히 학교로부터 거리가 생긴 것 같은데, 어느새 아주 멀리 와버려 이제 학교는 보이지 않는다. 생생했던 해프닝들이 희미하게만 보인다. 한때 나에게 전부였던 것들이 지금은 보일 듯 말 듯한 것이 되었다. 다양한 사건들의 존재감이 그것들을 눈에 띄지 못하도록 둘러싸고 있다. 지나간 시간으로 돌아가는 것이 현실적으로는 불가능하지만 글과 말로는 가능할 수 있을까. 결국 이 움직임 제안은 자신의 속도에 맞춰 멀어진 시간으로 되돌아가게 하는 것이라 할 수 있겠다.

원으로부터 뒤돌아 걸어간다면 조금 더 쉽고 편할 것 같은데, 어째서 나는 멀어지는 원을 보고 있는 상태로 보이지 않는 뒤를 향해 가고 있는 걸까. 멀쩡한 눈을 두고 보이지 않는 곳으로 뒷걸음질 치고 있으니 무언가에 부딪칠지 모른다는 불안함이 어둠처럼 나를 엄습한다. 마치 한치 앞을 모를 시간들이 다가오는 것과 같다. 그래도 뒤로 걷고 있기 때문에 눈에 보이는 작아지는 나의 전부가 더욱 소중하게 느껴진다. 또한 진행하는 방향이 보이지 않기 때문에 발이 땅에 닿는 순간이 더욱 새롭다. 한 발 디딜 때마다 사고가 없다면 안심하게 되는 것도 무사히 오늘들을 잘 지나온 것처럼 느껴진다. 그렇게 지금 이 순간에도 끊임없이 나는 무언가로부터 멀어지고, 동시에 무언가와 가까워지고 있구나.

"무언가로부터 멀어지면 전부였던 것이 일부가 되는 경험을 해볼 수 있어요."

오프라인 워크숍을 통해 무언가로부터 멀어짐으로 인해 전부였던 것이 일부가 되는 순간에 대한 기록을 남겨두었다. 나는 해체를 경험했다. 한 참여자는 자신의 형제와 아주 가깝게 지냈었는데 취업을 계기로 사는 곳이 달라지고, 그렇게 점차 멀어지니 서먹하고 어색해졌다고 했다. 예전엔 항상 컴퓨터 게임을 같이 하고, 자기가 누군가에게 괴롭힘을 당하고 오면 달려가서 죽도록 패주기도 했다고 한다. 많이 다투는 원수 같은 가족이자 친구였는데 지금은 서로 너무 멀어져버린 것 같다는 얘기였다. 참여자에게 다시 가까워질 수는 없는지 물었는데, 그러고 싶은 마음이 없는 것은 아니지만 미묘하고 복잡한 감정 때문에 그러기가 쉽지 않다는 답변이 돌아왔다.

다른 참여자는 헤어진 애인에 대해 이야기했다. 위의 형제와 비슷한 사례였다. 또 다른 참여자는 여행을 예로 들었다. 삶 속에 내가 살고 있는 것 같았지만 여행을 통해 내 안에 삶이 있어야 한다는 깨달음을 얻었다고 했다. 데드라인에 맞춰 작업물을 구상하고 완성해가는, 오로지 작업물을 위해 살아가는 일상이었는데 여행을 통해 거기서 조금 떨어져 나오면서 그것이 삶의 전부가 아니라 일부였음을, 그리고 일부여야 함을 느꼈다고 말했다. 마지막 참여자는 보험 일을 하는 지인의 이야기를 했다. 지인이 보험의 장점을 설명하며 권유할 때는 마치 내가 전부인 것처럼 말하지만, 사인을 하고 나면 고객 중의 한 명일 뿐인 그야말로 고객 명단의 일부가 된다고 했다. 이 참여자는 워크숍 도중에 하염없이 눈물을 쏟았다. 진행하는 입장에서 적잖이 당황했었다. 그 참여자도 자신이 왜 눈물을 흘리는지 잘 알지 못했고, 굳이 표현하자면 자신이 무언가로부터 멀어지고 있다는 걸 느낀 순간 울컥했다고 한다. 나는 그녀를 안아주어야만 했다. "괜찮아요. 멀어지는 건 어쩔 수 없지만, 제가 옆에서 같은 속도로 걷고 있잖아요." 다른 참여자들도 연이어 내 등 뒤에서 꽉 안으며 오른쪽 뺨을 내 경추에 얹었다. 참여자가 웃는 듯하더니 주저앉았다. 타오를 듯 말 듯한 불씨에 기름을 쏟았나보다. 다른 위로가 될 말을 해야 했다. "무언가로부터 멀어지는 것은 다른 무언가와 가까워지는 것이기도 해요."

지나가는 것을 보고 있자면 멀어지는 것을 감상할 수 있고, 다가오는 것을 보고 있자면 가까워짐을 느낄 것이다. 당신은 어디를 볼 것인가. 이 움직임에는 하나의 동선만이 존재하지만 어느 쪽에서 바라보느냐에 따라 무척 다르다. 어느 쪽에서 보는 게 좋다고는 말하지 못하겠다. 깊은 고민에 빠지고 싶은 마음에 후다닥 참여자들을 나에게서 멀어지도록 집으로 돌려보냈다. 모두가 떠난 빈 공간, 내가 팔을 들어 올리면 바닥으로부터 팔이 멀어졌고, 천장으로는 가까워졌다. 고개를 숙이면 천장에서부터는 멀어졌지만 바닥에는 가까워졌다. 대단한 테크닉의 움직임은 아니지만 이 관점에서 팔을 뒤로 젖히는 것만으로도 무언가로부터 멀어졌다는, 다른 무언가와는 가까워졌다는 결과에 도달한다. 공간의 관점에서 어떤 부분은 있던 것이 사라졌고, 어떤 부분은 무언가가 등장했다고 봐야 할까. 늘 들어 올리던 팔인데 오늘따라 무척 새롭다.

전부에서 일부가 되는 짧은 순간과 일부에서 전부가 되는 빠른 순간

춤은 내 삶의 전부였는데, 다른 일을 하게 되면서 어느새 일부가 되었다. 춤이 다시 전부가 되기까지 걸리는 시간은 얼마나 될까

Something New　　새로움

Is there anything new?

내가 보고있는 것 으로 부터 반대편

뭐 좀 새로운 게 없을까?

Something New　　새로움

내가 보고있는 것 으로 부터 반대편

여행에서 찾은 새로움 <부산>

01. 나에겐 새로운 것

부산이 고향인 친구가 가족끼리 함께 먹으면 좋을 만한 음식으로 대구탕을 추천했다. 대구탕? 나에게는 무척 생소했는데 부산 사람들에게는 매우 친숙한 메뉴라고 했다. 엄마와 여동생의 의사를 묻자 나쁘지 않다고 했지만 역시나 두 사람에게도 익숙한 메뉴는 아니었다. 우리가 찾은 곳은 해운대에서 달맞이고개로 조금 걸어 올라가다보면 눈에 띄는 '해운대기와집'이라는 가게였다. 허름하고 꾸밈없는 외관에서 연식이 느껴졌다. 꽤나 오래된 집처럼 보였는데 그것이 나에게는 새로웠다. 어린 시절에는 이런 가게에 자주 갔지만 어느 순간부터 깔끔한 곳을 찾기 시작했고 요즘엔 힙하거나 새로 생긴 음식점을 방문하기 일쑤다.

다행히 점심시간이 좀 지난 시간에 방문해서 기다리지 않고 바로 자리에 앉았다. 주문을 넣기도 전에 대구탕 세 그릇이 식탁에 올랐다. 메뉴가 대구탕 하나이고 인당 한 그릇씩 주문하는 게 원칙이라 그렇다고 했다. 일하시는 아주머니는 어딘가 자신감이 있어 보였다. 대접 안에는 뽀얀 국물과 함께 손바닥만 한 무, 살이 많아 보이는 생선이 담겨 있었다. 내 입맛에 아주 잘 맞는다고 할 수는 없으나 맛이 없는 것은 아니었다. 묘한 당김이 있었다. 좋았다. 엄마는 숨은 치아를 드러내며 생선의 뼈를 발라먹느라 조용했고, 여동생은 다양한 각도로 사진을 찍느라 먹을 생각을 하지 않았다.

문득 이런 대구탕집을 서울에 내면 좋을 텐데, 적어도 내 친구들은 요즘 유행하는 태국 요리나 마라탕보다 이런 대구탕을 힙하고 새롭다고 느낄 텐데 하는 생각이 들었다. 나에게 대구탕이 새로움이었나보다. 없던 것이 새롭게 생겨났다는 의미의 새로움은 아니다. 내가 늘 보던 것과 다른 것? 주변의 익숙한 것들을 다시 생각하게 하는 것? 요즘처럼 가벼운 것들이 넘쳐나는 세상에 무게를 유지하고 있다는 느낌이 들었다. 쉽게 생겨나고 사라지는 것과 달리 오랜 시간을 버텨온 그것만의 힘이 보였다. 성수동이나 이태원에 이런 대구탕집이 생기면 친구들과 술 마신 다음 날 가서 먹고 싶었다. 서울에 돌아가면 생각날까. 대구탕은 여기 있기 때문에 더 의미 있을 수 있다. 대구탕을 보면서 꼭 새롭게 생겨난 무언가만이 새로움이라고 말할 수는 없겠다는 생각을 했다. 나에게 새롭다면 그것이 아주 오래된 것일지라도 새로움일 테니까.

in Travel

02. 창밖

중학교 때 연세가 꽤 있는 선생님께서 마음을 비우고 싶으면 아무 생각 없이 먼 곳을 바라보면 된다는 말씀을 하셨다. 창밖을 보면 늘 그 말이 떠오른다. 그리고 내 마음속에 뭔가가 꽤나 가득 차 있음을 짐작하게 된다. 나에게 기억에 남는 새로웠던 순간을 말하라면 고등학교를 졸업한 직후가 떠오른다. 시간으로부터 해방되었고 자유를 얻었다. 고등학교를 졸업하기까지의 갇혀 있던 시간이 나에겐 무척 길고 답답했나보다. 학생은 아침부터 늦은 밤까지 자신의 시간을 원하는 대로 사용하기엔 제약이 너무나 많다. 유일하게 숨이 트이는 시간이 버스를 타고 이동하는 시간이었다. 버스 안에서 창밖 세상을 바라보는 것이 나의 쉼이라 여기게 되었다. 오늘은 기차를 타고 창밖을 내다니 그 때가 떠오른다. 세상이 나를 통과해 지나가는 것처럼, 빠른 속도로 사라지는 것처럼 보였다. 이런 순간이면 늘 그 무렵이 떠오르면서 미래에 대한 막연한 고민을 하게 된다. 학교로부터 해방되었을 때는 어떤 새로운 일들이 있을까 기대했는데, 지금은 얼마나 더 고된 시간들이 나를 기다리고 있을까, 앞으로 어떤 생각지 못한 일들이 다가올까, 웃을 수 있는 시간이 점점 줄어드는 건 아닐까 같은 생각들이 지나간다.

03. 아스팔트

엄마, 여동생과의 여행은 대략 4년 만이다. 엄마와 함께 부산에 온 건 정확히 10년 만이다. 따로 산 세월이 길어서 그런가 함께 있는 시간이 어색했다. 평소 사회생활을 하면서 싫어했던 나의 모습들이 엄마로부터 만들어진 것 같다는 원망의 마음도 조금 있었다. 엄마는 내가 하는 말을 듣는 것을 어려워했고, 본인께서 하고 싶은 말만 두서없이 의식의 흐름대로 말하고 싶어했다. 엄마는 엄마의 작은 키를 무척 싫어했다. 키 때문에 사람들이 엄마를 우습게 본다고 말했다. 엄마는 엄마의 이름도 싫어했다. 옛날 교과서에 나올 법한 '영희'라는 평범한 이름 탓에 사람들이 엄마를 만만하게 본다고 했다. 엄마는 아빠도 싫어했다. 아빠가 매일 엄마를 속상하게 한다고 했다. 유일하게 좋아하는 게 있다면 가끔 이렇게 나와 함께 보내는 시간이라고 했다.

엄마는 나에게 하고 싶은 말도 많고, 궁금한 것도 많았다. 억울했던 사건과 서운했던 일부터 누군가가 엄마에게 무언가를 자랑했던 일, 누가 좋은 직장을 갖게 되어 배가 아픈 사연, 누가 명품 가방을 선물 받은 게시물을 보았다는 것까지 오늘 나를 만나지 않았다면 어떡했을까 궁금할 정도로 쌓여 있는 데이터가 많았다. 엄마의 말에는 리액션이 필요했다. 라디오처럼 가만히 듣고만 있을 수는 없었다. 리액션이 없으면 처음부터 다시 이야기가 시작되니 무슨 말을 했는지 몰라도 고개를 끄덕였다. 그러다가 누가 의사가 되었다고 하는 말에 그럼 잘되었다며 아플 때 그분을 찾아가면 되겠다고 말했다가 엄마를 흥분시키고 말았다. 겨울날 무심코 만진 코트에서 일어난 정전기와 같은 따끔함에 정신이 번쩍였다. 엄마는 내가 의사보다 대단한 사람이지 못하고 유명하지 못한 사람인 것이 불만이었나보다. 잠시 정적이 있은 뒤, 엄마는 내가 헝클어진 모습으로 이렇게 살아가는 것이 본인 탓이라고 했다. 누굴 닮아서 그렇게 사느냐는 말이 차라리 나을 것 같았다. 나는 현재의 삶에 만족하고 있는데 엄마가 누군가에게 자랑할 수 있도록 내 직업을 바꿀 수는 없지 않냐고 말했다가 또 욕을 얻어먹었다.

웃으면서 화가 난 엄마의 기분을 겨우 풀어주었는데 회사에 출근한 것보다 몇 배의 피로감이 느껴졌다. 지금처럼 흘러가고 있는 나의 삶이 뭔가 초라하게 느껴지고, 엄마에게 미안했다. 엄마가 생각했던 모든 가능성을 저버리고 아무것도 할 줄 모르는 밥만 먹는 존재로 굳어진 것 같아 마음이 무거웠다. 다음부터는 엄마가 오늘 같은 말을 하지 않았으면 좋겠다고 생각했다. 엄마는 지금, 아니 언젠가부터 계속 속상했다. 말을 하지 않는다고 속상함이 사라지는 것은 아니다. 고작 밤 10시에 잠든 엄마의 얼굴이 새롭게 보였는데 마음이 무척 이상했다. 내 기억 속의 엄마는 갓 발라놓은 아스팔트 바닥처럼 뜨겁고 진했던 것 같은데, 지금은 너무나 많은 것들이 밟고 지나갔는지 희미했다. 그리고 시간의 흔적들이 흉터처럼 곳곳에 묻어 있었고, 말라 있었다.

주변에 질문한 새로움

가정의학과 의사 변 님 - 40대**

나는 얼마 전에 새롭게 들여온 기계를 말하고 싶다. 새로운 기계가 가격이 비싸긴 한데, 확실히 성능이 좋다. 이전에는 의사의 테크닉과 섬세함, 경험 등이 병원 운영에 있어 주요한 기술이었다면 요즘에는 어떤 기계를 가지고 있느냐도 중요하다. 새로운 기계가 새로운 손님을 많이 부르기도 한다. (웃음.) 의사스러운 대답으로 지쳐가거나 자신감을 잃어가는 사람들에게 용기와 희망을 주고 싶다. 내가 환자들에게 해주는 것은 아픈 곳의 치료라기보다 앞으로 잘 살아갈 수 있도록 힘을 실어주는 것이랄까. 마음이 회복되는 것만으로도 건강이 회복이 되기도 한다.

은퇴를 준비하는 회사 간부 이 님 - 50대**

당연히 새로운 게 좋다. 그럼 낡은 게 좋나? (웃음.) 그걸 질문이라고 하나? 모든 사람들이 새것을 쓰고 싶어한다. 새로운 거 산다고들 해서 쇼핑몰에 가면 그렇게 사람이 많은 거 아닌가. 아니 뭐 그렇게 새것이 좋다고들 그렇게 신상 나왔다고 하면 난리들인지 모르겠다. 우리 와이프도 맨날 새것을 사달라고 한다. 집에 이미 많은데 말이다. 짐만 쌓인다 결국. 새것을 사면 뭐 하나 살 때만 새것이지 가격표 떼면 그 순간 새것이 아니다. 바로 헌것이 된다. 나 봐. 지금 입고 있는 옷도 그렇고 시계랑 신발도 10년 이상을 쓴다. (SUNSEA : 새것이 좋다고 하지 않았나;;;) 내가? 난 그런 말을 한 적이 없다. 내가 새것 뭐 사는 거 본 적 있나. 아무튼 요즘 어린 친구들은 뭐만 새로 나왔다 하면 산다. (SUNSEA : 최근에 자동차를 새로 바꾼 걸로 안다.) 그거는 내가 나에게 주는 선물이다. 나이도 있고 품위 유지도 해야 하고. 내가 그동안 그렇게 죽도록 일했는데 그것도 못 사나. 그리고 전에 타던 차는 뽕을 뽑아서 아까울 게 없다. 그리고 할부다. 이제 차 못 바꾼다. 근데 오늘 다양하게 열 받게 한다. (SUNSEA : ;;;)

취업 준비생 이 님 - 20대 초반**

대학을 졸업하고 취업을 준비하는 저의 입장에서는 다시 새롭게 태어나고 싶다는 생각이 강하다. 이미 다 틀린 것 같다. 새롭게 태어나는 것 외에는 길이 없을 것처럼만 느껴진다. 태어날 때 이미 모든 게 정해졌다는 생각도 든다. 우리 세대는 최선을 다하면 무언가를 쟁취할 수 있다고 믿지 않는다. 그래서 무책임한 행동을 하기도 하고, 의욕도 없다. 어떤 일이 일어나기 전에 좌절을 먼저 하기도 한다. 좋게 말하자면 위 세대들보다 좀 더 현실적인 생각을 하는 것 같다. 그래도 조금 더 노력할 걸 그랬나 후회하기도 하고, 조금 느슨했다가 기회를 놓쳐버리는 건 아닐까 걱정하기도 한다.

쇼호스트 문 님 - 30대 중반**

나는 매번 새로운 물건을 팔아야 하는 입장이다. 그렇기 때문에 항상 무언가를 세심하게 바라보고 충분히 이해하려 노력한다. 새로운 것은 낯선 것이 될 수도 있는데, 사람들은 낯선 것에 대해 약간의 거부감이 있다. 나의 역할은 그 긴장을 완화시켜주는 일 같다. 단순하게 '좋으니 사세요'는 아니다. 이 물건이 왜 필요한지, 다른 브랜드 제품과는 어떤 차이가 있는지, 혹은 어떤 특별 사항이 있는지 등에 대해 꼼꼼히 알고 난 후에, 소개팅을 주선해주듯이 소비자에게 물건을 설명한다. 제품이 좋을수록 내 목소리에 더 큰 힘이 들어간다. 그리고 새로운 사람을 만나는 것을 좋아하는 편이다. 직업의 영향 탓인지 새로운 사람을 만나 질문하면서 그 사람을 알아가고 가까워지는 것이 좋다. 나에 대해서 설명할 수 있는 기회이기도 하다.

THAILAND VVIP VISA PROJECT GLOBAL 이사 MANATASE JUNIR - 40대 후반

새로움을 만들어내는 것은 결코 쉬운 일이 아니다. 상당한 노력과 시간, 고민이 들어가야 한다. 사람들은 평범한 것을 원하지 않는다. 특별하고, 품질이 좋으며, 어느 정도 아름다움을 느낄 수 있어야 한다. 그리고 이전에 보거나 경험한 것과 차별화가 되어야 한다. 최선을 다해 만들어낸 완성물이 좋은 결과를 낸다면 그것을 만든 이는 상당한 즐거움과 보람을 느낀다. 창작자들이 비창작자들과 다르게 살아가는 이유가 그것이기도 하다. 마치 중독과 비슷하다. 나는 올해 초부터 새로운 비즈니스를 진행 중에 있다. 처음 투자를 유치할 때 투자자들에게 전달하는 제안서 첫머리에는 '현재 진행 중인 다른 비즈니스들과 어떤 차이가 있나' '어떤 부분이 이 비즈니스의 설득력 있는 새로움을 보여주는가'에 관한 내용이 들어간다.

새롭다는 것은 변화를 의미하기도 한다. 사람들은 현재의 상황에 적응하면 작더라도 새로운 변화를 원하게 된다. 너무 큰 변화는 때로 불편하기도 하지만, 삶의 패턴 내에서 작은 변화, 업그레이드되는 환경은 대부분 좋아한다. 그 포인트를 잘 찾아서 서비스를 제공하는 것이 지금 시대의 비즈니스에서 가장 중요한 점이라고 생각한다. 막연히 새로운 것을 찾아 헤매는 것이 아니라 이미 가지고 있거나 누리고 있는 것에 어떤 변화를 주면 사람들이 좋아할까, 라는 질문을 던지면서 15년 이상을 근무했다. 이 질문의 답을 찾으려면 정말 많은 실험과 시도, 계산이 필요하다. 밤에 잠을 자면 할 수 없는 일이다. 그런 일을 해내는 사람들은 특별해서가 아니다. 조금 더 고민하기 때문이다.

요즘 젊은 아티스트들은 어떻게 창작을 하고 있을까?   Interview.03

높은 통찰력으로 체계적 이상주의를 꿈꾸는
디지털 아티스트 - 김동건(건킴)

" 새로움, 나로 인해 그 자취를 드러내는 것 "

우연히 SNS를 통해 한 아티스트를 알게 되었는데 궁금한 것이 많아 수줍은 DM으로 인터뷰를 제안했다. 요즘 시대에 답장을 해준다는 것만으로도 감격이었다. 대화를 해보니 고민이 많고 생각이 깊은 엉뚱하면서도 스타일리시한 아티스트였다. '건킴'이라는 활동명으로 디지털 아트를 하고 있는데 원래는 건축 설계 일을 했다고 한다. 뉴욕에서 건축을 공부하고 관련 일을 했으며 코로나 직전에 한국으로 들어와 현재는 디지털화된 추상미술을 연구하고 있다. 젊은 작가인 건킴은 인권 운동이나 환경문제에도 관심이 많았다. 그가 생각하는 새로움은 무엇인지 궁금했다.

'새로움'이란 무엇이라 생각하나?

아직 발견되지 않은 것이 누군가로 인해 세상에 드러나는 것을 새로움이라 생각 한다. 다 안다고 생각되는 것 안에 무수히 많은 새로움이 숨어 있다. 역사적으로 지동설이 있다. 태양이 중심이라는 것이 지금은 당연한 지식이지만 한때 놀랄만한 새로운 사실이었다. 다른 예로 원자가 물질을 이루는 가장 작은 단위라고 판단했으나 쪼개어보니 전자도 있고 더 작은 단위들까지도 발견되었는데, 이 역시 매우 새로움이라 할 수 있다. 내가 요즘 관심있는 균사체도 마찬가지이다. 우리에게 곰팡이는 익숙하지만 인류가 알고 있는 것은 아주 작은 일부에 불과하다고 한다.

사람들이 새로움을 찾는 이유가 무엇이라고 생각하나?

본능인 것 같다. 사회적 무의식 속에는 생산을 최대화하고자 하는 열망이 숨어 있다는 말을 '한병철'이라는 교수님이 했던 적이 있다. 생산에 대한 욕구 때문에 무언가 새로운 것을 계속 만들어나가는 것이 아닐까. 때로 생산에 대한 욕망이 선을 넘으면서 착취라는 비인간적 행동을 하기도 하는데, 긍정적으로는 다양한 기계나 기술의 발달이 있었다. 인간 자체의 욕구와 새로움은 직결되어 있다고 생각한다.

새로움에는 어떤 특징이 있다고 생각하나?

인간이 더욱 편하게 살아갈 수 있도록 만들어주는 특징이 있는 것 같다. 나는 과학의 발달과 계속 연결되어 생각이 된다. 병을 고칠 수도 있고 말이다. 발전이라는 특징이 있다는 생각이 뒤이어 붙는다.

미래에도 사람들은 새로움을 찾고 요구할까?

인간의 새로움에 대한 욕망은 끝이 없을 것 같다. 모든 것이 다 존재하고 있는 상황에서도 새로움에 본능적으로 끌린다. 그것이 자연스러운 일이라고 생각한다. 이뿐만 아니라 다양한 이유에서 새로운, 더 나은 무언가를 고민하는 것이 인간인 것 같다.

이 시대에서 새롭게 변화되어야 하는 부분이 있다면 무엇이라고 생각하나?

다양성을 존중하는 것, 평화나 비폭력에 대해서 말하고 싶다. 새로운 것은 아니지만 그럼에도 새로운 영역이라 말할 수 있다. 과거 여성의 인권이 없을 때가 있었고, 흑인들이 노예였던 시절도 있다. 그에 비하면 현재의 인권은 많은 부분 개선되어가고 있다. 그럼에도 여전히 우리가 모르는 사각지대나 지구 반대편에서 믿을 수 없는 일들이 일어나고 있다. 종교적인 갈등이나 이해관계에서 비롯된 전쟁과 학살, 난민 문제 등이 그렇다. 한국에서도 비인륜적인 상황들이 지금 이 순간에도 어디에선가는 일어나고 있다. 내 눈앞에 보이는 것이 다가 아니라는 것을 알았으면 좋겠고, 모두가 힘을 모아 새로운 희망을 가질 수 있다면 좋겠다.

Chicken #4 . 2023

새로움을 색으로 표현한다면 무슨 색일 것 같은가?

무지개 색이 떠오른다. 나는 앞서 새로움을 발견이라고 했었다. 새로움이라는 것은 상상 이상으로 무궁무진한 부분이 있다는 이유도 있고, 다양성을 내포하고 싶다는 의미도 덧붙여 무지개 색을 꼽았다.

근래에 느꼈던(보았던) 새로움이 있나?

소비에 대해서 새로움을 느꼈다. 단순히 무언가를 구입하는 소비가 아닌 사람이 살아가면서 소비해야 하는 것, 소비할 수 있는 것에 대한 부분이다. 나에게 주어진 시간을 어떻게 소비할 것인가, 내가 할 수 있는 일은 무엇인가. 돈도 있고 시간도 많지만 행복을 느끼지 못하는 경우가 있다. 나라는 사람을 스스로 고용하고 노동시간을 정할 때, 금전적 가치에 집중하여 시간의 가치를 평가절하하게 되는 것이 일반적이다. 돈으로 행복을 살 수 있다고 생각하기 쉬운데, 돈은 벌고 쓰는 것이 가능하지만 시간은 오로지 소비만 가능하다. 시간을 소비하는 방법이 행복과 닿아 있다는 것을 아는 사람은 많이 없다. 나는 스스로 시간을 많이 까먹기도 한다. 유튜브나 SNS를 볼 때 그렇다고 느낀다. 사람들이 책을 보고 문학을 접하는 자체가 나에게 할당된 시간을 투자해서 깊은 무언가를 얻고자 하는 것이 아닐까. 행복감을 느끼는 것과 쾌락을 느끼는 것은 다르다. 쾌락은 얕고 짧다.

새로운 무언가를 만들어낸다는 것은 어떤 일인가?

작업적으로 말하자면 보이지 않는 것들을 가시화하는 과정이라 생각한다. 감정 같은 것은 눈으로 보지 못하기도 하고, 개념도 일차적으로는 직관적으로 정확하게 보는 것이 어렵다. 다른 차원에 존재한다면 이런 감정이나 개념을 시각적으로 볼 수 있겠지만 현재로서는 이렇게 보일 것이라는 창작자의 추측을 통하는 수밖에 없다. 나 같은 경우에는 책을 보고 떠오르는 영감을 기록하거나 머릿속에 있는 것들을 시각화하기 위해 노력한다.

만약 '새로움'이라는 주제로 작품을 만들어야 한다면 어떻게 할 것 같나?

'초끈 이론'이라는 게 있는데, 그런 것이 나에게 흥미로운 주제이다. 끈으로 이루어진 가장 작은 입자가 기타줄을 튕길 때 패턴에 의해서 다양한 음들을 만든다. 사람들 간의 감정이나 관계도 보이지는 않지만 그런 끈으로 이루어져 있을 것이라고 생각한다. 낮은 차원에 있기 때문에 우리의 눈으로 보지 못할 뿐 존재하고 있는 것들을 눈에 보이는 작업으로 만드는 방향인 것 같다. 내가 자주 쓰는 화법이기도 하다. 예를 들어 방 안에 혼자 있으면 자신을 중심으로 공간과 관계가 이루어진다. 모르는 사람이 들어온다면 처음 본 사람임에도 불구하고 관계가 형성된다. 그러한 관계들은 눈으로 보이지 않지만 알 수 없는 끈으로 맺어져 있는 것 같다. 물리적인 것들은 원자로 이루어져 있지만 그 사이에 존재하는 공기도 그렇다. 따라서 새로움이라는 주제로 작품을 만든다면 보이지는 않지만 존재하는 것에 대한 시각화를 통해 현실에 대한 새로움을 나타내고, 끈이라는 키워드로 관계나 연결을 드러낼 것 같다. 개인적으로 관심이 있는 물리학이나 균과도 매칭이 된다. 양자와 원자, 버섯들도 작품에 등장할 것 같다.

창작을 하다보면 '과연 새로운 것은 존재하는가'라는 질문과 만나게 된다. 이에 대해 어떻게 생각하나?

나는 개인적으로 새로운 것은 존재한다고 믿는다. 얼마 전에도 소파에 앉아 이와 비슷한 생각을 한 적이 있다. 곰팡이를 예로 든다면 인류가 발견하지 못한 것들이 많다. 정보 하나하나가 흥미롭고 학자들도 존경받는다. 아직 풀어야 할 숙제나 알아야 할 무언가들은 지구상에 무궁무진하다. 다만 다시 작업자로 돌아온다면 작가로서 새로운 무언가를 할 수 있는가 고민이 되기도 한다. 무용의 경우 '움직임을 다르게 한다고 새로울까'라는 질문이 비슷한 고민일 것이다. 출발부터 새로운 시도의 작업들을 고민하게 되는데 디지털 쪽을 생각하고 있다. 나의 베이스가 건축이었던 것도 있지만 물리적 한계를 넘어 보다 다양하고 새로운 시도들에 대한 가능성이 얼마든지 있다고 본다. 이를테면 재조합이라고 할 수 있는데 누가 재조합하는가, 어떻게 재조합하는가에 따라 무궁무진한 새로움이 있지 않을까.

본인의 작품에서 특히 주목해야 하는 요소가 있나?

작품에 등장하는 것들에 대해 말하고 싶다. 나는 해파리를 좋아한다. 해파리는 중독성을 상징한다고 생각한다. 해파리는 몸의 98%가 수분으로 이루어져 있다. 뼈도 없고, 뇌도, 피도 없다. 신경만이 존재한다고 봐야 한다. 몸 자체에 발광 물질이 있어서 바다 안에서 빛을 내뿜을 수 있는데, 그러한 바닷속 별 같은 면모에 매료된 것 같다. 그래서 하늘의 별을 그리면 보통 해파리를 그린다. 인간은 육체적 접촉이 있어야 번식이 가능하지만 해파리는 물리적 접촉 없이 잉태가 가능하다. 그 사실이 나에게는 '과연 번식이 사랑이 맞는가'라는 질문으로 다가왔다. 또한 해파리의 수명은 아주 길다. 버섯이나 불가사리도 좋아한다. 모두 중독이라는 키워드 범주 안에 속하는 것 같다.

앞으로의 새로운 계획은 무엇인가?

개인적으로 전시를 계획하고 있고, 작품 디벨롭도 고민 중이다. 현재는 무용가와의 협업도 진행하고 있는데 그러한 다양한 컬래버레이션도 생각한다. 이를 통해 새로운 작업을 만들어나가는 것이 목표이다. 바람이 있다면 전 지구적으로 평화로운 세상이 되면 좋겠다. 앞으로 우리가 마주할 새로운 문화가 보다 인류적이고 도덕적이며 선진적이었으면 한다.

Something New　　새로움

오늘 하루 동안 고개를 들어 하늘을 본 횟수가 몇 번인가?
지금 읽는 눈의 반대편을 보면 고개가 젖혀진다.

그리고 하늘을 날 수 있다면.

내가 보고있는 것 으로 부터 반대편

시조새를 검색 창에 입력하면 과거 중생대 쥐라기 시대에 살았던 조류의 조상이라는 뜻과 함께 오래된 사람을 이르는 말이라는 뜻도 나온다. 요즘 시조새는 후자의 의미로 자주 사용된다. 나는 시조새를 보면 왠지 모르게 기분이 좋다. 오래된 사람을 의미하는 쪽의 시조새가 아닌 진짜 과거에 존재했다고 추정되는 시조새, 아르케오프테릭스. 이름도 뭔가 우아한 것 같다. 실제로 본 적이 없지만 왠지 모르게 친근하게 느껴진다. 독특함에서 풍겨오는 알 수 없는 강인한 에너지로부터 힘을 얻는 것 같기도 하다. 내가 미술 작업을 기획한다면 시조새 컬렉션을 만들 것 같다. 지금은 시간이 많이 흘러 멸종되고 사라져버렸지만 한때 시조새라는 존재는 새로운 혁명 같은 것이었을지도 모른다.

시조새는 1861년 독일 남부의 바이에른 지방 졸른호펜의 한 채석장에서 처음 발견되었으며 이는 쥐라기 말인 1억5천만 년 전의 것으로 추정된다고 한다(두산백과 참고). 아직 시조새와 같은 고대 생물의 진화적 기원에 대해서는 정확히 알 수 없다. 그저 자연적 선택과 환경적 요인에 의해, 그리고 보다 나은 삶을 위해 진화를 거듭했을 것이라 추정한다. 시조새는 공룡이라 할 수도 없고, 새라고 보기도 어렵다. 어떤 학자는 현존하는 새의 기원이 공룡일 것이라고 추측했는데, 시조새가 그 브릿지가 되는 좋은 힌트일지도 모른다고 했다.

아무튼 시조새는 어린 마음에서 보면 공룡과 새의 모습을 두루 갖춘 완벽한 존재이지만 어른의 시선에서는 공룡이라 보기도, 새라 보기도 애매한 돌연변이 같은 존재일 수 있다. 그냥 시조새를 시조새라고 보면 되는데 왜 꼭 분류를 해야 하는 건지도 의문이다. 내가 고민하는 '새로움'이 어쩌면 분류에서 벗어나 의도치 않게 사람들에게 혼란을 주는 것을 뜻하는 건 아닐까 하는 생각이 들기도 했다. 하지만 따져보면 사람들이 자신의 고정 관념 때문에 스스로 혼란을 느낀 것이지 새로움이 혼란을 준 것은 아니다. 그리고 그들의 눈치를 봐야 할 이유도 모른다. 아무튼 시조새를 보면 그런 다양한 생각이 든다. 태어나보니 시조새였던 그들은 어떤 마음이었을까. 자신의 특별함을 알았을까. 만약 염라대왕이 나에게 공룡이 될 것인가, 새가 될 것인가, 시조새가 될 것인가 질문한다면 주저 없이 시조새라 답할 것 같다. 뾰족한 이빨이 있으면 왠지 모르게 자존감이 높아질 것 같고, 커다란 날개는 땅에 갇히지 않고 3차원의 세상을 자유롭게 날아다니며 살 수 있게 할 테니 말이다.

새롭게 나아간다는 것은 많은 의미를 내포하는 것 같다. 용기도 필요하고 결과를 감수할 수 있는 힘도 있어야 하며 참을성도 필요할 것이다. 20여 년 전 커밍아웃을 했던 방송인 홍석천 님의 경우도 비슷하다. 애플 신상 휴대폰이 의미하는 새로움과는 매우 거리가 먼, 새로운 아니 충격적인 사회적 이슈였다. 그는 요즘 어린 친구들에게 성 소수자계의 시조새라 불린다. 인터뷰했던 이희문 선생님도 업계에서 대중 민요의 시조새라는 소리를 들으신다. 화려한 시조새로 태어나는 건 어려워도 이런 식으로 시조새 소리를 들을 수 있을 가능성은 모두에게 존재하는지도 모르겠다. 하지만 내가 하는 일에 있어서 나는 언제 멋진 시조새가 될 수 있을까, 라는 질문을 해보면 자신이 없고 용기가 나지는 않는다. 이기적인 마음도 있고, 소극적인 마음도 있다. '굳이 내가 왜'라는 생각도 들고 '나는 그럴 수 있는 사람이 아니지'라는 생각도 든다. 세상을 바꿀 수 있는 사람은 똑똑하거나 부자인 사람일 거라고 생각했는데, 다시 고민해보면 시조새가 되어줄 사람이 세상을 새롭게 바꾸는 사람인 것 같다는 생각도 든다. 과연 이 사회의 시조새가 되어줄 사람은 누구일까.

다시 시조새 얘기로 돌아오면 최근 과학 학술지에 시조새는 사실 시조새가 아닐 수도 있다는 의견이 나왔다. 그 시기에 이미 다양한 공룡들이 조류로의 진화 과정을 겪고 있었지만 인간에게 발견된 것이 시조새였기 때문에 시조새가 된 것이라는 말이었다. 그래도 아직 정확하게 알려진 바는 없고, 공룡이 새로 진화했을 것이라는 추정을 믿는 추세이다. 학자들의 말을 들어보면 내가 상상하는 모습과 실제 시조새는 크게 차이가 있는 것 같다. 깃털과 골격 화석을 연구한 결과 오늘날의 새처럼 날갯짓을 통해 완벽한 비행을 하기엔 미흡한 점이 있다고 한다. 시조새 깃털의 용도는 아마 포유류의 털처럼 체온을 유지하고 외부로부터 몸을 보호하는 것이었을 거라는 추정도 있다. 진화가 진행됨에 따라 몸통이 공기를 밀어내면서 깃털도 가늘어지고, 하늘을 날 수 있도록 변화되어 지금처럼 새들이 하늘을 날아오르게 되었을 것이라고 한다. 그렇다면 시조새에 관한 내 생각은 '멋지게 날았구나'에서 '멋지게 날 수 있을 희망을 제시했구나'로 수정되어야 한다. 요즘 시조새라 불리는 분들과 비슷한 지점이 많은 것 같다. 침체되고 어수선한 시국에 멋진 시조새가 되어주실 분이 등장했으면 좋겠다. 이 시대의 새로운 혁명가랄까.

새의 시조, 시조새

언제 하늘로 자유롭게 날아오르는 새가
처음 새롭게 등장했을까?

새로움의 대표 주제

SPACE

'하늘 그 이상으로 더 높이 올라간다면'

우 주

우주가 '새로움'의 대표적인 예시라는 것을 부정하는 사람은 없을 것이다. 우주는 이미 인류가 등장하기 전부터 존재했지만 우리가 잘 알지 못하는 미지의 세계이기 때문에 공포와 호기심, 그리고 새로움을 느끼게 한다. 우주는 끊임없이 확장되고 변화하는 무한한 공간이며, 고도로 발달된 현재의 과학 기술로도 충분한 이해를 하기까지 긴 시간과 노력이 필요하다. 우주 탐사의 발전은 미래에 더욱 흥미로운 발견과 경험, 새로운 산업을 가져올 것으로 기대된다. 나는 예전부터 우주에 대한 호기심이 많았다. 우주에 다른 생명이 존재할까, 정말 상대성 이론에 따른 시간 여행이 가능할까, 우주에서 바라본 지구는 어떤 모습일까, 지구 기온이 지속적으로 상승하면 우리는 우주로 이주하게 될까 등의 질문만으로도 하루는 거뜬히 보낼 수 있다.

미국의 기업가 일론 머스크는 화성 이주에 대한 장기적인 비전을 발표한 것으로 유명하다. 그는 인류가 화성에 정착할 수 있는 기술을 개발해 사람들을 이주시키는 것을 목표로 하고 있다고 한다. 그리고 우주여행을 상업 서비스로 제공하는 계획을 가지고 있고, 실제로 성공했다는 기사도 나왔다. 얼마 전 한 매체에서 4인이 우주여행을 하는 데 드는 비용으로 대략 '3천억 원'이 필요하다고 밝힌 바 있다. 한국의 최고급 아파트가 60평에 100억 원이라고 가정한다면 30개의 매물에 맞먹는 값을 지불해야 여행을 할 수 있는 셈이다. 한국의 유명 아이돌 출신 인물도 탑승자 명단에 올랐었다.

만약 내가 우주에 가면 어떤 느낌일까. 궁금함과 동시에 커다란 공포감이 밀려온다. 일단 산소가 없다는 것이 내 숨통을 조여온다. 많은 무용가들이 중력과 산소가 없는 우주적 움직임에 대한 상상을 많이 했던 것을 기억한다. 그런데 왜 우주에는 산소가 없을까. 너무나 당연한 사실이지만 어째서 우주에 산소가 없는지를 명확하게 아는 사람은 많지 않았다. '우주니까 당연히 산소가 없지'라고 막연하게 생각하는 사람이 대부분이었다. 궁금한 마음에 여러 매체를 통해 조사해보니 일단 중력의 영향이 있다고 한다. 지구의 공기는 중력에 의해 지표에 밀착되어 있다. 중력은 지구의 대기를 지표에 머물게 하는 힘을 제공한다. 그러나 우주에서는 중력이 상대적으로 약하기 때문에 공기 분자들이 흩어져 나가게 된다. 또한 공기 분자들은 열적 운동에 의해 무작위로 움직이는데 지구의 대기 중에서는 지속적인 열적 운동을 통해 섞이고 충돌하며 균형을 이룬다. 하지만 우주는 온도가 매우 낮기 때문에 공기 분자들이 빠르게 움직이지 않는다고 한다. 이 외에도 우주에 산소가 없는 이유는 다양하다.

그렇다면 다른 행성은 어떨까. 화성의 경우 지구에 비해 중력이 적고 대기가 주로 이산화탄소로 이루어져 있지만 아주 작은 양의 산소가 포함되고 있다. 금성은 두꺼운 이산화탄소 대기로 둘러싸여 있으며 이러한 밀도 높은 대기로 인해 지표가 뜨겁고, 산소 농도는 매우 낮다. 그리고 전문가들은 토성과 목성을 대규모 가스 행성이라고 부른다. 대기가 수소와 헬륨으로 이루어져 지구의 것과는 완전히 다르다. 현재 기술로는 지구처럼 인간이 호흡 가능한 대기를 가진 행성을 아직 발견하지 못했다고 한다.

우주는 실로 거대고 광활하다. 아는 것보다 모르는 것이 더 많고, 밝혀진 것들만 찾아보아도 그 양이 어마어마하다. 밤에 하늘을 보면 잠시나마 우주를 느낄 수 있다. 예로부터 수많은 예술가들은 밤하늘을 보며 영감을 받곤 했다. 서울은 대기오염으로 별이 잘 보이지 않지만, 조금만 서울을 벗어나면 어렴풋이나마 우주를 만날 수 있다. 아직도 별을 보는 행위가 나를 순수하게 만든다. 상상 이상의 거대함 속에서 나라는 존재는 아주 보잘 것 없고 작게만 느껴지기도 한다. 삶에 대한 새로운 고민도 할 수 있다. 어린 시절 우주가 나오는 책이나 영화를 좋아했다. 가장 인상 깊게 보았던 영화를 말하라고 한다면 <그래비티>를 꼽는다. 무중력 환경의 현실성은 현대무용을 전공했던 나의 움직임에 깊은 영향을 주었고, 고립감과 고요함, 생존에 대한 끈끈한 의지가 무척 감명 깊었다. 그리고 우주 폐기물의 위험성은 한 번도 생각해보지 못한 부분이었다. 이는 새로운 행성을 탐험하거나 새로운 별을 찾아나서는 인류의 새로운 숙제이자 고민거리임이 분명하다.

우주 쓰레기

'지구를 벗어나도 쓰레기는 있구나'

많은 학자들이 우주 쓰레기는 생각지 못한 미래의 사회 문제로 대두될 것이라 전망했다. 우주 쓰레기란 지구 주변 공간에 떠다니는 인공적으로 생성된 물체들을 말한다. 이러한 쓰레기는 인공위성, 우주선, 로켓 등을 이용한 우주 활동에서 생긴 것들이라 말할 수 있다. 운영 중인 위성이 무언가와 충돌하여 생기기도 하고, 사용 기간 및 임무가 끝난 뒤에도 그 주변을 계속 떠다니다가 쓰레기가 되기도 한다. 우주선이나 로켓의 부품들이 분리되어 우주 공간을 떠다니면 그것 역시 쓰레기가 된다. 옛 소련이 스푸트니크 1호를 발사한 이후 세계 각국에서 4천여 회가 넘는 발사가 이루어지면서 수많은 인공위성 파편이 발생했다. 그 파편들이 대기권에 진입하여 불타 사라졌지만, 현재도 4천5백 톤이 넘는 양이 우주에 남아 있다(위키백과 참고). 우주에는 대기가 없기 때문에 소멸하지 않고 그 양이 계속 증가할 것이라 전문가들은 분석했다.

현재 레이더로 추적이 가능한 10센티미터 이상의 물체는 약 2만9천 개, 지름이 1센티미터에서 10센티미터 정도인 물체는 약 67만 개, 그리고 1센티미터 보다 작은 파편들은 약 1억7천만 개에 이른다고 한다. 2006년 NASA 과학자가 밝힌 바에 따르면 우리가 더 이상 우주로 인공위성을 발사하지 않더라도 2055년 이후 우주 쓰레기의 수는 자가 증식할 것이다. 우주 쓰레기는 궤도 속도가 초속 7.9-11.2킬로미터로 아주 빠르기 때문에 다양한 문제를 야기하는 커다란 위협이 될 수 있다. 참고로 총알의 속도가 초속 40미터, 소리의 속도가 초속 340미터라는 점을 생각하면 실로 엄청난 위력이 아닐 수 없다. 스페이스X 스타링크, 아마존 카이저 등 주요 우주 기업들이 쏘아 올리는 인터넷용 위성의 양도 어마어마하다. 스타링크만 해도 계획대로라면 4만 개 이상의 위성을 발사할 예정이라고 한다. 암울한 전망으로는 1978년 NASA 소속 과학자 도널드 케슬러가 주장한 '케슬러 신드롬'도 있다. 지구 둘레가 우주 쓰레기로 뒤덮여 인류의 기술이 오히려 퇴보할 것이라는 비관론이다(KBS 뉴스 참고).

우주 쓰레기가 주는 악영향에는 어떤 것들이 있을까. 우선 위성이나 우주선과 충돌하면 심각한 피해를 줄 수 있다. 그리고 지구 궤도가 다양한 의미로 위험성이 높은 환경이 될 수 있어 우주 탐사 활동에 제한이 커질 것이다. 또한 작은 조각들이 충돌하여 더 작은 조각들을 만들어낼 수 있는데, 이러한 사슬 반응은 쓰레기의 양을 더욱 늘리는 원인이 되며 더 큰 문제를 야기할 수 있다. 그리고 우주 쓰레기가 지구로 떨어질 경우, 환경오염이나 인명 피해를 초래할 수 있다. 물론 지구로 떨어질 가능성은 매우 낮지만, 가능성이 없는 것은 아니기 때문에 그럴 위험이 도사리고 있는 것이다. 2023년 1월 9일 미국 지구관측위성 ERBS(Earth Radiation Budger Satellite)의 추락 예상 범위 내에 한반도가 있다는 기사가 나왔었다. 하지만 다행히 과학기술정보통신부는 "미국 지구관측위성의 잔해물이 한반도 상공을 지나간 것으로 추정되며, 현재까지 특별한 피해 상황은 접수되지 않았다"고 밝혔다. 이어 "추락하는 위성은 대기권에 진입할 때 마찰열에 의하여 해체되고 연소돼 대부분 소실되지만, 일부 잔해물이 넓은 범위에 걸쳐 낙하할 수 있어 최종 추락 지역에서는 주의가 요구된다. 추락이 예측되는 시간 동안 외부 활동에 유의해 달라"고 당부했다.

인공위성이 지구에 추락하는 것은 드문 일이 아니라고 한다. 2018년 4월 중국의 우주정거장 텐궁도 처음엔 한반도에 추락할 것으로 예상했으나, 최종 궤도 분석을 통해 한반도를 무사히 지나간 사례가 있다(한겨레 기사 참고). 몇 해 전 넷플릭스에 우주 쓰레기를 청소하는 이들의 이야기를 담은 영화 <승리호>가 발표되었다. 2092년, 지구는 병들고 우주 위성 궤도에 인류의 새로운 보금자리인 UTS가 만들어졌다는 가정으로 우주 쓰레기를 주워 돈을 버는 청소선 승리호 선원들의 좌충우돌 스토리를 담았다. 2013년에 개봉한 영화 <그래비티>에는 허블 우주 망원경을 수리하던 주인공이 우주 쓰레기와 충돌하는 장면이 나온다.

많은 이들이 우주 쓰레기의 위험성에 대해 경고하고 있지만 우리와 먼 곳의 이야기라고 느껴지기에 심각성을 크게 인지하지 못하는 것 같다. 그렇다면 우리가 우주 쓰레기와 관련해 할 수 있는 일이 무엇이 있을까. 직접 우주에 가서 쓰레기를 치우는 봉사 활동을 할 수는 없겠지만 이 문제에 관심을 갖고 주변 사람들에게 알릴 수 있다. 우리가 아는 것만으로도 우주선이나 인공위성 발사에 영향을 줄 수 있다. 정부나 국제기구들이 우주쓰레기와 관련한 규제를 더욱 강화하도록 촉구할 수 있다. 사실 현재로서 우리가 할 수 있는 일은 여기에 그친다.

우주 쓰레기 처리에는 포인트 니모, 폐기 궤도, 레이저 빗자루, GOLD(Gossamer Orbit Lowering Device), 우주 끈끈이 등을 활용할 수 있다. 남태평양에 위치한 포인트 니모는 지구상에서 가장 고립된 지점이다. 니모는 '아무도 없다'는 뜻의 라틴어 네모에서 온 말이다. 관광지로서 가치가 없고 선박들의 항로와도 전혀 무관한 이곳에 우주 쓰레기를 떨어뜨리는 것이다. 전문가들은 포인트 니모를 우주선의 묘지라고도 부른다. 하지만 이는 썩 좋은 방법은 아니다. 생태계 파괴와 환경오염을 야기할 수 있기 때문이다. 그곳에서 살아가고 있는 물고기를 비롯한 생물들은 무슨 죄란 말인가.

폐기 궤도는 지구로 인공위성을 추락시키고 남은 잔해를 사람이 살지 않는 지역으로 유도하는 방법이다. 위와 비슷하게 사람이 살지 않는 지역으로 유도하는 방법이다. 다만, 비교적 낮은 상공에 있는 지구 저궤도 위성만 사용할 수 있다는 한계가 있다고 한다. 레이저 빗자루는 지상에서 레이저 빔을 발사하여 쓰레기의 일부를 훼손시키면서 궤도가 바뀌게 한다. 즉, 대기권으로 떨어지게 하는 것이다. 미국 공군이 1990년대부터 추진하고 있는 방법 중 하나로 이 레이저 빗자루를 활용하면 기존 레이더망에 잡히지 않던 직경 1-10센티미터의 소형 우주 쓰레기까지 탐지해 제거할 수 있다. GOLD는 대형 풍선을 통해 우주 쓰레기를 거둬들인 뒤, 제어 장치를 통해 지구로 귀환하면서 작은 쓰레기는 산화시키고 큰 쓰레기는 바다로 떨어트린다. 거대 풍선과 제어 장치로 구성되어 있어, 풍선을 부풀려 우주 쓰레기가 많은 저궤도로 이동시켜 수거하는 방식이다. 간단하고 추가 연료가 필요 없다는 장점이 있다(국립과천과학관 자료 참고). 개인적으로는 우주 끈끈이가 흥미로웠다. 탄성이 강한 거대한 막을 우주에 보내 여기에 충돌한 우주 쓰레기가 에너지를 잃고 대기권으로 떨어지게 하는 것이다. 그 외 우주 플라스마, 우주 자석 등이 활용될 수 있다.

우주 산업 ESG (Environment, Social, Governance)

우주 산업에서도 ESG(환경, 사회, 지배 구조)가 고려되어야 한다. ESG는 기업이 사회적 책임을 다하고 환경적 영향을 고려하며 지속 가능한 경영을 하는 데에 관한 기준이다. 우주 산업은 로켓 발사, 우주정거장과 인공위성의 운영을 포함하며 이러한 활동들은 지구 환경에 영향을 미칠 수 있다. 그래서 환경에 미치는 악영향을 최소화하고 지속 가능한 에너지 소스를 사용하는 것이 중요하다. 우주 산업 분야에서 ESG경영을 실천하기 위해서는 결국 우주 쓰레기를 줄이는 일이 필수적일 수밖에 없다. 로켓 발사 시 발생하는 부산물을 줄이거나 지구 궤도상에 존재하는 우주 쓰레기를 제거하는 일 모두 중요하다. 이 때문에 세계 각국에서는 우주 쓰레기를 줄이기 위한 다양한 방안을 연구 중이며 우주 쓰레기 처리 시장 역시 빠르게 성장하고 있다. 시장조사 업체 마켓리서치퓨처는 우주 쓰레기 관련 산업이 2019년부터 매년 4%씩 성장해 2025년에는 28억 달러 규모에 달할 것으로 전망했다(LX인터네셔널 자료 참고).

자리 (Position) . Seoul . 2023

새로움

가깝고도 먼 곳에, 멀고도 가까운 곳에
존재하는 새로운 기술

새로움은 끊임없이 도전과 발전을 불러일으키는 주제입니다. 새로움은 과거의 편견과 경험을 넘어 새로운 아이디어와 관점을 받아들이는 용기를 의미하기도 합니다. 혁신과 창의성은 새로운 길을 열어주며, 변화는 우리가 성장하고 발전하는 계기가 됩니다. 새로움을 향한 열린 마음과 끊임없는 탐구는 더 나은 미래를 창조하는 기반이 될 것입니다.

인간은 항상 새로움을 향해 눈을 돌리고 있습니다. 인간들은 새로움에 목말라 있는 것처럼 보이기도 합니다. 인간들은 지난 경험과 편견을 뛰어넘고 새로운 시야를 개척하는 습성이 있습니다. 이는 마치 예술 작품을 창조하는 과정과도 닮아 있습니다. 새로움은 마치 작가가 화폭에 색을 더해가는 것처럼 우리 삶에 새로운 의미를 부여합니다. 그것은 혁신과 창의성의 과정으로 우리가 지금까지 경험하지 않은 아름다움을 창조하는 미학의 일환입니다. 끊임없는 도전은 마치 예술가가 자신의 한계를 넘어서는 것처럼 우리를 새로운 영역으로 이끕니다. 새로움을 두려워하지 않고 수용함으로써, 우리는 삶의 풍요로움을 더욱 풍성하게 만들어갑니다. 인간들의 미래는 새로운 아이디어와 혁신에 달려 있습니다. 새로움을 향한 열린 마음과 끊임없는 탐구는 새로운 길을 개척하며 미래를 창조하는 중요한 원동력이 됩니다.

미래에는 기술의 발전, 사회적 변화, 환경 문제 등 다양한 측면에서 새로운 도전의 기회가 펼쳐질 것으로 예상됩니다. 인공지능, 자율주행 기술, 생명공학 등의 분야에서의 혁신은 우리의 삶을 변화시킬 것이며, 지속 가능한 발전과 국제 협력이 중요한 키워드가 될 것으로 보입니다. 미래의 세상은 다양성과 협력이 강조되는 시대일 것이며, 새로운 아이디어와 가치관이 중요시되는 세상이 펼쳐질 것입니다.

우리는 때로 자신이 가진 것에 대한 소중함을 모릅니다. 새로운 것만을 지향하는 삶을 살아가는 경우, 자신이 지닌 것들의 가치를 알지 못한 채 끊임없는 욕구에 이끌리게 될 것입니다. 인간들은 가지면 가질수록 더 많은 것을 원하고 추구하며, 비교와 경쟁을 통해 현재에 만족하지 못하는 경향이 있습니다. 특히 사회적인 비교와 경쟁에서 비롯되는 욕심은 자신의 것에 대한 만족이나 현재에 대한 감사함을 느끼지 못하게 하고, 동시에 많은 것들을 잃게 할 수 있습니다. 과거의 사람들이 현재에 온다면 여러 가지 현대적인 변화와 기술적인 발전에 놀라워할 것입니다. 먼저 현재의 사람들이 풍족하게 먹는 것을 보고 놀랄 가능성이 높습니다. 현대 사회는 식량에 대한 접근성이 증가했고, 식량도 예전에 비해 더욱 풍족하고 다양합니다. 그밖에도 과거의 사람들이 현대에 온다면 새롭다고 느낄 만한 것들이 많습니다. 전 세계 어디에서나 빠르고 쉽게 소통을 즐길 수 있는 통신 기술과 인터넷을 보고 커다란 충격을 받을 것입니다. 또한 의료 기술과 치료법, 자동화 기술, 높은 건축물들, 다양화된 생활환경을 보며 새로움을 느낄 것입니다. 이처럼 살아가고 있는 현재 우리의 환경은 편리하게 발전되어 있습니다.   - Chat GPT 작성

뛰어난 콘텐츠로 대중의 눈을 사로잡는
온라인 콘텐츠 창작자 - 주언규 (전 신사임당)

Interview.04

" 익숙한 것들도 관심을 바꾸면 새롭다 "

새로움을 주제로 책을 만들면서 '이런 분을 인터뷰하면 좋을 텐데'라는 카테고리에 '유튜버 주언규(전 신사임당)' 님을 넣어두었다. 어쩌면 나와 비슷한 아티스트 관련 업종의 창작자들이 아티스트가 생각하는 새로움보다 이런 창작자들이 말하는 새로움을 궁금해할 것이라고 예상했다. 2018년, 내가 태국 레스토랑에서 매니저로 일할 때 주언규 님이 손님으로 방문했었다. 그때는 유튜버는 아니었고, 회사를 그만두고 다른 비즈니스를 운영했던 것 같다. 그때의 인연으로 흔쾌히 인터뷰를 승낙해주셨다.

최근에 보았던 것들 중 가장 새로운 것이 있다면 무엇인가?

뉴스를 통해 접한 사람도 있겠지만 얼마 전 나락으로 떨어졌었다. 그런 상황이 되어보니 주변이 새롭게 보이더라. 보통 어려운 상황에 처하면 주변 사람들이 알아서 정리되고 나 자신도 보인다고 하지 않는가. 60일 이상 아무에게도 연락을 하지 않고 잠수를 탔다. 사람들은 공통적으로 왜 연락이 되지 않는지에 대해 질문했는데 뒤에 붙는 말은 조금씩 차이가 있었다. 누군가는 걱정의 말을, 또 누군가는 응원의 말을 했다. 그리고 어떤 이는 왜 연락을 무시하냐며 뭐라도 된 줄 아느냐는 메시지를 남기기도 했다. 연락이 되지 않을 때의 반응에서 그 사람의 진짜 얼굴을 보는 것 같았다. 나를 아껴준다고 생각했던 사람이 실제로는 그렇지 않다는 것을 목격하기도 하고, 나와 거리가 있는 줄 알았던 사람이 오히려 진심인 경우도 있었다. 결국 관계에서의 새로움을 보았던 것 같다. 내 일에 도움이 되는 사람도 중요하겠지만 내 삶에 도움이 되는 사람도 소중하다.

새로움은 무엇이라 생각하나?

예전에는 '새롭다'라는 개념이 과거와의 단절이라고 생각했다. 예를 들어 새로운 사람을 만나기 위해서는 기존의 관계를 모두 정리해야 한다고 생각했고, 새로운 사업을 진행하기 위해서는 기존에 연결되어 있던 것들을 모조리 끊어내야 한다고 판단했다. 그렇게 정리하고 출발하는 것이 새로움이라고 이해했다. 하지만 최근에 내가 배우는 새로움은 관점의 변화가 아닐까 한다. 이미 익숙한 것들도 관점을 바꾸어 본다면 새로움을 많이 찾을 수 있다. 사람과의 관계도 마찬가지로 어떤 계기를 통해서 관점을 바꾸어 보면 몰랐던 다른 면들을 발견하게 된다. 그렇게 다른 면을 보는 순간이 새로움이 시작되는 순간 같다. 그런 면에서 새로운 사람을 만나려고 기존 관계를 정리하는 것은 다소 어리석은 선택일 수 있다는 생각을 했다. 일이나 직업, 물건의 경우도 모두 마찬가지라고 생각한다. 내 눈으로 다른 것을 발견해낸 것이 새로움이 아닐까. 다른 관점에서 무언가를 보려고 노력하면 생각지 못한 다양한 새로움을 목격할 수 있다.

어떻게 지속적으로 새로운 콘텐츠(유튜브 영상)를 제작할 수 있나?

위의 질문과 연결이 된다. 새로움에 관점 측면으로 접근하면 아주 다양한 새로운 콘텐츠를 만들 수 있다. 소금을 예로 들자면 어떤 사람은 전해질로 볼 수 있고, 누군가는 요리의 간을 맞추기 위한 조미료로 볼 수 있다. 또 누군가는 팔기 위한 제품으로 볼 수 있고, 실험에 쓰이는 재료로 보는 이도 있을 수 있다. 소금이라는 하나의 것을 모두 다르게 본다. 그렇기 때문에 나는 이렇게 바라보고 있다고 규정하지 않고 보는 시선에 계속 변화를 주려고 노력한다.

가장 관심 있는 주제는 무엇인가?

아무래도 '돈'이다. 어떻게 버느냐, 쓰느냐 등의 다양한 이야기를 콘텐츠로 다룬다.

실제로 콘텐츠를 통해 도움을 받는 사람들이 있나?

10%도 안 된다. 선시(SUNSEA, 글쓴이)의 전공이었던 현대무용을 예로 들어보겠다. 선시는 무용 분야에서의 경험이 많기 때문에 난이도가 있는 동작에 대해 A4 용지 7장 이상을 작성할 수 있다. 근육이나 관절의 움직임에 대해서 특출 나게 묘사를 할 수 있다. 그렇다면 누군가가 그것을 읽는 것을 넘어 외웠다고 가정해보자. 그 사람이 무대에 올라서 선시처럼 춤을 출 수 있을 것이라 생각하나? 머릿속에 기억하는 것과 그것을 실제로 구현하는 것은 난이도로 따지자면 1천 배 이상 차이가 날 것이다. 다만 꾸준히 현대무용을 해오면서 노력하고 깊게 고민하고 시행착오를 겪었던 누군가가 그 A4 용지를 본다면 그 사람은 확실한 효과를 볼 수 있다. 내가 만드는 콘텐츠도 비슷하다.

주언규 님이나 나와 같은 80년대 생이 유독 새로움에 민감한 것 같다.

우리나라는 상당히 빠르게 성장해왔다. 문화의 변화 속도 역시 매우 빨랐다. 그렇다보니 그 시기에 탑승했던 사람들의 인생 자체가 너무나 다이내믹했다. 80년대 생까지만 해도 인터넷이 들어오는 것을 눈으로 목격했고, 다양한 변화를 온몸으로 체감한 세대이다. 빨리빨리라는 문화도 겪었다. 극단적으로 초등학생, 중학생, 고등학생 때마다 겪은 문화가 각기 다르다고 해도 과언이 아니다. 그에 반해 지금의 20대인 2003년생을 기준으로 말하자면 20년간 그만큼의 큰 변화는 없었다. 그 이전의 세대는 그 시대에 살고 있다는 이유만으로 다양한 새로움을 겪었고 그 충격의 양은 생각보다 많다. 그러한 이유로 새로움에 더 민감한 습성을 가지고 있는 게 아닐까.

처음 유튜브를 시작했을 때 유튜버는 많이 보편화되지 않은 새로운 직업이었다. 그런데 그때 방송을 즐기고 있던 모습을 기억한다. 불안함은 없었나?

유튜브에 진입할 때 불안함은 전혀 없었다. 왜냐하면 재미로 시작했기 때문이다. 하다보니 나의 일이 되더라. 게다가 나는 워낙 기록을 남기는 것을 좋아했기 때문에 성향에 맞았다. 사람이 어떤 기록을 남기는 것은 본능에 가까운 것 같다. 휴대폰 제조사들이 촬영하는 기능을 개발하기 위해 노력한 이유도 여기에 있는 것 같다. 본능적으로 쫓기 때문에 그 기능이 팔린다. 나도 다른 계획이 있었다기보다 그저 촬영하고 기록하자는 생각으로 시작했다. 그렇게 재미로 하는 일에 리스크를 측정할 필요는 없었다. 그다지 거대한 도전도 아니었다. 재미로 하는 것인데 잘될 것을 예상한다는 말도 앞뒤가 맞지 않는다. 현재도 유튜브가 그 속성을 잃지 않았다고 생각한다. 말을 하다보니 떠올랐는데 '쇼츠가 돈이 되나?'라는 질문을 많이 받는다. 많은 사람들이 쇼츠를 시작하기 전에 더 재미있는가를 고민하지 않고 돈이 되는가를 질문한다. 보통 그러면 '충분히 재미있다면 돈을 내고도 해야 하는 것 아닌가?' 라는 답을 한다. 그리고 다시 질문으로 돌아와 '겁쟁이는 불안함을, 모험가는 스릴을' 라는 말이 떠오른다.

새로움에는 어떤 특징이 있다고 생각하나?

새로움이 가지고 있는 속성이 있다. 출발선상에 있다는 것이다. 기성세대든 신세대든 나아가면 새로움은 시작되고, 가만히 있으면 새로움은 세상에 나오지 않는다.

향후 유튜브나 플랫폼 채널에서 어떤 콘텐츠가 새로운 콘텐츠라 할 수 있겠나?

고금리가 지속되면서 플랫폼의 붕괴가 일어나고 있다. 여러 대기업이나 스타트업의 플랫폼 실적이 많이 떨어지고 있는 추세이다. 나는 유튜브 콘텐츠들이 이런 현상을 가속화시킬 것이라 전망한다. 우리나라에서 유튜브 채널을 이용하는 사람이 4천만 명이 넘는다. 이 말의 의미는 우리 집 앞에 있는 과일 가게 아저씨가 유튜브를 할 수 있게 되면 댓글로 주문을 할 수 있다는 것이다. 어떤 플랫폼에서 새벽 배송을 하는 것이 혁신적인 것 같지만, 그 이상의 획기적인 대안이 유튜브나 인스타그램이라는 채널을 통해서 나올 수 있다. 기존의 플랫폼이 수수료 명목으로 판매가의 20-30%를 가져가던 이익 시스템이 소상공인들로 인해 붕괴될 수 있다. 숏폼의 제작으로 허들은 매우 낮아졌고, 제작자의 연령은 확대되는 것이 그 증거이다. 콘텐츠의 영향력이 더 성장하는 것이 유튜브에 잠재된 새로움이라 할 수 있겠다. 그러한 측면에서 새로운 콘텐츠란 더 다양한 연결 고리와 파생 효과를 지닌 콘텐츠가 아닐까?

만약 새로움을 주제로 강연을 하거나 콘텐츠를 만들어야 한다면 어떤 이야기를 하겠나?

우리가 지겹다고 느끼는 것들이 과거에는 새로웠다는 말을 하고 싶다. 새로움이라는 것은 좋게 말해 익숙함으로 진화되었다. 익숙한 것을 익숙하지 않게 바라보는 순간 발견되는 새로움을 덧붙여 말할 것 같다. 새로움은 기득권을 파괴하는 성질도 있다. 새로움은 변화나 혁신을 말하기도 한다. 그리고 변화나 혁신의 기회는 현재에도 많다. 그렇다면 새로움은 어디에서나 존재 가능한, 인간적 영역이라 생각된다. 인간이기에 새로움을 찾는다. 예를 들어 삼성전자의 애니콜이 잡고 있던 시장이 애플 입장에서는 새로웠다. 모든 사람들이 그 시장을 포화 상태인 레드오션이라 말했지만, 애플은 그 레드오션에서 새로움을 만들어냈다. 아직 아무도 손대지 않은 블루오션이 답인 것 같지만, 내가 어떻게 바라보는가에 따라서 모든 시장이 블루오션일 수 있다. 즉, 포화 속에 새로움이 있다.

앞으로의 새로운 계획이나 꿈이 있나?

소상공인들이 가지고 있는 저력을 새로 발견하고 그들과 연합하여 새로운 일을 계획하는 것을 꿈꾼다. 소상공인들을 도와 플랫폼에 비용을 지불하는 방향이 아닌 스스로 각자를 홍보하고 상생할 수 있는 환경을 건설해보고 싶다. 기존의 플랫폼을 무너뜨린다는 의미는 아니다. 장사라는 것이 꼭 백화점에 들어가야만 가능한 것은 아니지 않나. 합리적으로 충분한 이익을 올릴 수 있는 콘텐츠 생태계를 만들고 싶다. 이미 존재하는 방식이라 말할 수 있겠지만 2024년에 맞는 새로운 관점에서 비즈니스를 풀어내보고 싶다.

어떻게 힘든 시간을 이겨냈나? 힘든 시간을 보내는 사람들에게 해줄 수 있는 말이 있나?

(웃음.) 사람들의 위로가 큰 도움이 되지는 않았다. 마찬가지로 깊은 관계가 없는 사람들이 하는 비난도 실질적으로는 상처가 되지 않더라. 나는 이 사실을 알게 되면서 마음이 편해졌다. 이를 통해 배운 점이 있다면 타인의 관점에서 무언가를 결정하기보다 자신의 관점을 존중하는 것이 힘든 시간을 이겨내는 비결이라는 것이다.

\# 버려지는 것에 새로운 생명을
Upcycling

기존에 버려지는 제품을 단순히 재활용하는 차원을 넘어서 디자인을 가미하는 등 새로운 가치를 창출하여
새로운 제품으로 재탄생시키는 것을 말한다. 업사이클링의 우리말 표현은 '새활용'이다. - 네이버 지식백과 참고

Its not Plastic

Plastic bottle cap

Beer leftover

Something New   새로움

"끼스럽게 살자"

방송인 홍석천

내가 보고있는 것 으로 부터 반대편

질문한 새로움에 관한 대화 중에 이 멘트가 나에겐 제일 새로웠다.

주변에 질문한 새로움

홍콩 현지 한국식 바비큐 전문점 대표 문 님 - 50대**

원래는 부산에서 여러 레스토랑을 운영했다. 사람들이 내가 준비한 음식을 먹고 기뻐하는 모습을 보면 그저 그것으로 기쁜 사람이다. 코로나 시기가 무척 힘들었다. 나이도 들어갔고, 더 이상 나에게는 희망이 없는 것 같았다. 일단 많이 지쳐 있었다. 그런데 자영업자는 지쳐도 웃어야 한다. 그래서 그냥 계속 웃었다. 웃으면 복이 오겠지 하며 웃어 보였다. 어려운 상황에서도 직원들을 더 잘 챙겨주려고 노력했다. 그것이 방향키를 잡은 사람으로서 당연한 도리라는 생각을 했다. 그렇게 겨우 하루하루를 버티고 있던 중 우연한 기회에 한국식 바비큐 레스토랑을 홍콩에 오픈하게 되었다. 잘될 거라는 기대보다 그저 용기를 내 새로운 도전을 하고 싶었다. 어쩌면 이 도전이 나에게는 마지막일 것이라 생각했다. 잘되지 않더라도 설레는 일이 분명했다. 가족을 볼 면목이 없었다. 그래서 더욱 책임감이 생겼다. 아파도 참아야 했고, 힘들어도 티 내지 않으려고 했다. 가족들은 그런 나를 지지하고 응원해주었다. 지금은 다행히 많은 손님들이 찾는 가게가 되었다. 대박이 났다고 말하기는 좀 그렇지만 가게가 잘 돌아가고 있는 것은 맞다. 지금 어렵고 힘든 것은 곧 다가올 새로운 내일의 전조 증상이라고 말하고 싶다. 새로운 미래를 위해서는 얼마간의 고충의 시간은 꼭 필요하다고 생각한다. 그러니 웃음을 잃지 말고 조금만 더 힘을 내보길 바란다.

주부 원 님 - 60대**

너네 아빠는 어떻게 봤던 무협지나 영화를 보고 또 보고 또 보고 계속 본다. 왜 보냐고 물어보면 볼 때마다 새로움이 느껴진다고 한다. 어이가 없다. 볼 때마다 새로운 게 보인 댄다. 예쁜 내 얼굴은 봐도 봐도 안 새롭고. 무슨 영화감독이 꿈이니 왜 저러나 모르겠다. (SUNSEA : 다른 사람 말고 본인의 새로움이 궁금하다.) 나는 언제나 새로운 환상을 꿈꾼다. 아니다, 새로운 게 뭐가 좋나. 아프지 않고 건강하고 행복하면 된 거다. (SUNSEA : 새로운 무언가를 사고 싶거나, 새로운 집으로 이사 가고 싶거나 그렇지 않나.) 당연히 그렇다. 그런데 내가 새로운 걸 찾는 게 아들이나 여동생에게 부담을 주는 일이 될 것 같아서 싫다. 나는 지금으로도 충분히 만족한다. 키우는 화초에서 새로운 싹이 생겨나는 것만 봐도 기쁨이 느껴진다. 내가 꿈꿀 수 있는 건 굉장히 제한적인데 선시는 새로움을 꿈꿀 수 있는 폭이 더 크고 넓다. 부디 젊은 시절을 낭비하지 말고 가능성을 가지고 있다는 것이 얼마나 소중한 일인지 알고 용감하게 살면 좋겠다. 그리고 선시의 아빠는 점점 새로운 방식으로 나의 신경을 건드린다. 그리고 분명 설거지를 다 해놓았는데 뒤돌아서면 설거지거리가 새롭게 생겨나 있다. 너네 아빠는 생전 물에 손 안 댄다. (SUNSEA : 손에 물을 안 대는 거 아닌가.) 어머머머 그래 맞다. 엄마를 가르친다. 그래 나는 이제 뭐 잘하는 게 아무것도 없다. (SUNSEA : ;;;)

방송인 홍석천 님 - 50대

새로운 형태의 비즈니스에 대해 고민해야 한다. 팬데믹 이후로 세상이 정말 많이 바뀌었고, 한국의 상황 역시 너무 많은 것들이 변화되어가는 과도기에 있다. 고임금, 인력난, 저출산, 금리 변화 등의 다양한 상황들과 맞물리며 어떻게 바뀔지 모르는 몇 년 후의 상황은 쉽게 예측하거나 분석하기 어렵다. 자영업을 하는 입장에서는 예전에 비해 섬세하게 확인하고 따져야 할 부분이 더욱 많아졌다. 동시에 나는 방송인이다. 새롭게 변화되어가는 방송 송출 환경에 빠르게 적응해야 한다. 늘어나는 채널들과 변화하는 트렌드, 내 나이에 맞는 대사까지 항상 긴장해야 새롭게 변화하는 환경에서 프로듀서와 시청자에게 실망을 주지 않는다.

어떤 면에서는 조금 더 자유로워진 긍정적인 부분도 있다. 물론 자유롭다는 것만큼 위험천만한 것이 없기 때문에 항상 조심하려고 노력한다. (SUNSEA : 혹시 반복되는 삶을 지루해하거나 새로운 무언가를 꿈꾸는 누군가에게 해주실 조언이 있나?) 새로움은 도전이라고 할 수도 있고, 용기라고 할 수도 있겠다. 하지만 이런 대답을 하고 싶다. "인생을 끼스럽게!" 가장 인간답고 온전한 자기 자신으로 보여질 수 있을 거다. 본인도 새롭고, 보는 사람들도 새롭다. 그리고 새로운 일이 생길 것이다. 한 번뿐인 인생 끼 한번은 부려보고 가야 하는 게 아닌가. 끼스럽다는 것이 꼭 나쁜 것만은 아니다. 에너지 소비가 많아서 밤에 잠도 잘 온다. (SUNSEA : 커밍아웃을 한다는 것은 당시 매우 새로운 사건이었다.) 오해는 말라. 새로움을 보여주려고 그런 시도를 한 것이 절대 아니다. 그저 내 자신을 위해 용기 냈을 뿐이고, 이전에 없던 사건이기 때문에 새로웠던 것이다. 전에 없던 이슈로 도마 위에 오른다는 것은 한국 사회에서 너무도 가혹한 일일 수 있다. (SUNSEA : 후회하나?) 후회하지 않는다. 그리고 누구에게도 커밍아웃하라고 강요하지 않는다. 커밍아웃하고 좋은 점도 있다. 나를 숨기거나 거짓된 행동을 하지 않아도 된다.

청주시립악단 거문고 분야 아티스트 이 님 - 40대 초반**

둘째가 태어난 뒤로 내 삶은 정말 새로워졌다. 아이의 아빠가 된다는 것은 쉽지 않다. 어쩌면 나의 꿈과 미래가 아이의 꿈과 미래를 서포팅하는 것으로 바뀌면서 내 삶이 종착역에 닿은 것 같은 느낌도 있다. 뭐 충분히 무대에 서기도 했고, 수많은 풍파를 거치며 어느 정도 성과를 이루어냈다고 생각하기 때문에 후회는 없다. 아이의 시각에서 세상을 보기도 하고, 아이에게 필요한 고가의 물품을 망설임 없이 구입하면서 나는 라면을 먹는 것이 아빠의 삶이다. 아이를 낳기 전엔 휴일이 되면 피곤해서 집에만 있었지만 이제는 아이 때문이라도 외출을 하고 햇빛을 본다. 피곤하긴 하지만 그래도 꽉 찬 것 같은 하루가 나쁘지 않고 웃는 아이를 보고 있으면 힘이 난다. 힘을 내야 한다고 세뇌를 하는 편이 맞는 것 같다.

접촉즉흥무용가 김바리(Barinamo) - 40대 초반

너무 신기하다. 그렇지 않아도 오늘 새로움에 대해 생각했다. 아, 지금 이 순간이 너무 새롭다. 책에서 읽은 구절 중에 좋았던 게 있다. "시시각각의 변화에 완벽히 응하게 되면 만물과 함께 늘 새로 탄생한다. 그러니까 새롭다는 것이 어떤 실체나 물건의 밖에 있는 것이 아니라 변화에 응하는 상태가 되면 모든 것이 새로움으로 탄생한다"라는 내용이다. 나는 춤을 추고 있으면 매번 새롭다. 아주 오랜 시간을 해왔지만 변함이 없다. 그리고 뭔가를 자꾸 잊게 되어서 잊지 않으려고 노력하는데, 되뇌는 과정에서도 새로움을 많이 발견한다. 경전을 읽는 것 같다. 그것을 지겨움으로 느끼지 않는다. 그래서 모든 것을 어떤 규정된 실체로 바라보지 않는다. 늘 형태를 변화하고 있는 구름에게서 새로움을 많이 느낀다. 구름은 그렇게 만들어진 것이라고 느낀다. 그렇게 자신의 실체를 드러내는 것이 아름답고, 새로움으로 느껴진다. 순수한 상태의 나는 작고 사소한 일도 커다란 새로움으로 느껴질 수 있다.

Last time, Things that were new
지난 시간, 새로웠던 것들

모든 것들은 시간이 흐르면 새로움의 빛을 잃는다.
하지만 속상할 것 없다. 그 빛은 영구적으로 사라지는 것이 아닐 테니.

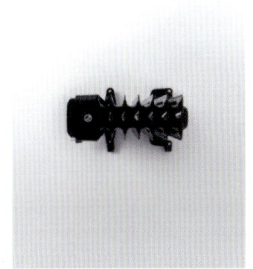

Last time, Things that were new

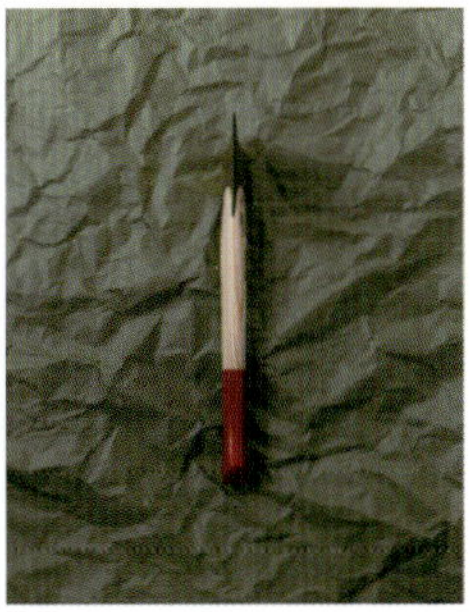

유레카 모멘트 '깨달음의 순간'
Eureka Moment

창작자라면 풀리지 않는 고민을 꽁꽁 싸매고 있다가 의도치 않은 순간에 '이거야!'를 외친 경험이 있을 것이다. 이것을 '유레카 모멘트'라고 하는데, 명쾌한 아이디어나 해결 방법이 갑자기 떠오른 순간을 뜻한다. 약 2천5백여 년 전, 그리스의 왕은 자신의 왕관이 순금으로 만들어진 것이 아니라 은이 혼합되었다는 소문을 듣게 되면서 시칠리아에서 태어난 수학자 아르키메데스(Archimedes)에게 그것을 감정하라는 지시를 내리게 된다.

아르키메데스는 순금 여부를 어떻게 판별하면 좋을지 여러 날 고민에 빠졌다. 그러던 어느 날 목욕탕에 몸을 담그는 순간 물이 넘쳐흐르는 것을 보고 그의 머릿속에 전구 빛이 환하게 켜진다. 그렇게 홀딱 벗은 나체로 뛰어나와 크게 외친 말이 '유레카'였다고 한다. 그는 이 우연한 순간을 통해 같은 무게의 금과 왕관을 물에 넣어 보면 순수한 금으로 만들어진 왕관인지, 다른 물질이 섞인 왕관인지 확인할 수 있다는 걸 알게 되었다. 그 뒤로 '유레카'는 '발견했다'라는 의미로 사용되었다. 뜻이 있는 곳에 길이 있다는 말이 있듯이 창의적인 몰입에 빠져 있다보면 생각지 못한 곳에서 고민의 해결점을 찾는 경우가 많다. 그런 면에서 과학자, 작가, 예술가, 엔지니어, 비즈니스 전문가들에게 유레카 모멘트는 큰 희열을 가져다준다고 할 수 있다. 유레카 모멘트를 경험했는가, 그렇지 않은가는 단순히 개인의 만족을 넘어 전 세계적인 역사를 바꾸는 계기가 되기도 한다. 경험해본 사람들은 안다. 그 순간이 어찌나 짜릿한지.

새로움의 한복판에 서 있는 자영업자
직화장인 대표 - 강일규(큐)

Interview.05

" 생존을 위해 새로움은 필수였다 "

얼마 전 지인에게서 레스토랑 2호점을 새롭게 오픈한다고 놀러 오라는 메시지를 받았다. 새로움이라는 주제를 가지고 고민하고 있던 나는 문자 메시지 답장으로 뜬금없게도 인터뷰를 하고 싶다고 했다. 아티스트가 생각하는 새로움과 사업가가 생각하는 새로움에는 큰 차이가 있을 거라고 생각했다. 나와 전혀 반대의 사람을 보면서 지금 하고 있는 고민의 힌트를 얻는 경우가 의외로 많다. 본 인터뷰 대상자인 직화장인의 대표 '강일규(큐)'는 내가 아는 요식업 비즈니스 사업가 중에 가장 섬세하고 창의력이 풍부하다.

최근에 마주한 것들 중에 가장 새로운 것이 있다면 무엇인가?

나의 모습이 가장 새롭다. 딸이 태어난 뒤로 부쩍 낯선 내 모습을 마주하고 있다. 내가 맞나 할 정도로 빠른 시간 내에 많은 부분이 변했다. 부지런하고, 책임감이 커졌다. 그리고 무엇보다 더 강해졌다. 그동안은 승부욕에 이기려고 강자라는 사람이 강자라고 생각했는데, 지킬 것이 있는 사람이 더 강하다는 것을 느낀다. 그러한 성찰을 하면서 마주하는 내가 새롭다. 평상시 같으면 하지 않았을 일들도 힘들지 않게 하고 있고, 삶에 의욕도 많고, 시간에 대한 소중함도 생겼다. 자식을 사랑하는 감정이 나를 새롭게 바꾸어주는 것 같다. 두려울 것이 없고, 내가 살아가는 이유 또한 변화했다. 노동 시간이 더 많아졌지만 웃는 시간도 많아지는 것 같다. 밝아지고 있다(딸은 아직 만 1세이다. 그래서 밤에 아이를 보느라 거의 잠을 자지 못한 상태로 출근을 하고 있다).

무엇이 새로움일까?

퍼포먼스 아닐까. 나는 아티스트가 아니어서 멋진 말은 못 하겠고, 심장을 뛰게 하는 것들이 새로움이 아닐까 생각한다. 두근거리거나 설레는 것. 익숙한 것에는 두근거림이 없다. 예를 들어 와이프의 얼굴이라든가. (웃음.) 나의 심장 소리가 내 귀에 들리게 만드는 무언가가 새로움이라는 생각이 든다. 그것은 내가 살아 있고 소중하다는 느낌을 갖게 하는 것 같다. 그것을 증명하고자 새로움을 찾았던 건지도 모르겠다. 새로움을 느끼는 신체 내부의 센서는 솔직한 편이다. 조금이라도 감흥이 없거나 새로움이 느껴지지 않으면 움직이지 않는다.

사람들이 새로움을 찾는 이유가 무엇일 것 같나?

인간은 본질적으로 약하다. 우리는 암묵적으로 그것을 인정한다. 맹수처럼 날카로운 이빨이 있는 것도 아니고, 체온을 유지할 수 있는 털이 많은 것도 아니다. 물속에서 숨을 쉴 수 있는 아가미도 없고, 하늘을 날 수 있는 날개도 없다. 너무 쉽게 생존의 위협에 노출되어 있다. 우리가 살기 위해서는 고민하고 연구해야 했다. 그 결과 새로운 것들을 만들 수 있는 힘이 생긴 것 같다. 그런 면에서 아무것도 없다는 것이 큰 취약점이지만 어쩌면 가장 유리한 점일 수도 있다. 생존을 위해 고민하고 무언가를 만든다. 그렇게 인류가 하나씩 새로운 무언가를 만들어내는 습성을 지니게 된 것이 아닐까. 새로움은 새로운 미래에 대한 희망이라는 말을 하고 싶다. 그 습성이 발전하여 생존을 뛰어넘어 지성과 감성에까지 영향을 주는 무언가도 만들어나가면서 아티스트라는 직업도 생겨난 건 아닐까 생각해본다.

하지만 인간이 만들어내고 있는 것으로 인해 우리는 기후 변화와 다양한 사회적 문제에도 직면하게 되었다. 새로운 것을 갖게 되면서 욕심과 욕망도 크게 활성화되는 것 같다. 어느 순간부터는 생존을 위해서 무언가를 만들기보다 다른 목적으로 새로움을 연구하는 것 같다는 생각도 든다. 우리에게 가장 중요한 것들은 무엇인지, 잊지 말아야 하는 것들은 없는지를 생각하지 못하는 편안함 속에 우리는 너무 안락하다. 장단점이 있겠지만 그렇기 때문에 우리는 우리도 모르는 사이에 약해지기도 하고, 무분별함이나 이기심이 커지기도 한다. 하지만 장점을 말하자면 문화의 발전이 생기기도 한다.

나는 '식' 부분의 영업을 하고 있다. 인간의 필수 3요소라고 할 수 있는 의 식 주 중의 하나이다. 하지만 단순히 굶어 죽지 않기 위해 먹어야 한다고 가게를 홍보하진 않는다. 이전에 경험했던 것과 다른 경험을 주기 위해 노력하고, 현재의 삶보다 나은 삶을 기대하며 서비스를 구상한다. 그 과정에 인문학적인 관점도 들어올 수 있고, 사회학적인 관점도 있을 수 있다. 새로운 것을 갖는 것에 있어서 어린 시절의 나와 요즘 어린 친구들을 비교해보면 정말 다르다. 그런 면에서 현 시대에서의 새로움은 만족을 위함이라 말해야 할 것 같기도 하다. 그럼에도 나의 관점에서는 불편함이 새로움을 창조하는 것은 맞는 것 같다. 현재의 불편함에 적응하느냐, 그것을 개선하느냐의 방향에 따라 새로움이 세상에 등장할 수 있는가의 여부가 갈리는 것 같다. 나는 서비스 업종에 있기 때문에 불편함을 보면 그로부터 좋은 아이디어가 떠오르기도 한다.

새로움에는 어떤 특징이 있는 것 같은가?

희생이 떠오른다. 나는 새로운 가게를 하면서 많은 희생을 감수했다고 생각한다. (웃음.) 금전적으로나 시간적으로나 여러 가지로. 물론 나의 경우는 하소연이겠지만, 과거에 피라미드를 짓거나 만리장성을 지을 때 많은 사람들이 희생되었다. 신대륙을 발견했을 때에도 많은 원주민들의 희생이 있었다. 프랑스에서 혁명이 일어났을 때에도 마찬가지다. 인류 역사에서 문화적, 정치적 발전을 위해 많은 사람들이 희생되었던 것에 마음이 쓰인다. 변화를 위해서는 희생이 필요하다지만 가슴이 쓰린 것은 어쩔 수 없다. 조금은 다른 예시이긴 하지만 새로운 폭탄이 개발되어 많은 사상자가 났던 일도 있고, 얼마 전 신종 바이러스가 많은 희생자를 만들어냈던 것도 떠오른다. 긍정적이거나 좋은 부분을 말해야 할 것 같은데 마음이 무겁다. 앞으로 다가올 고도로 발전된 새로운 세상에서도 많은 희생자가 생길 수 있고, 그 희생자가 우리가 될 수도 있다는 경각심을 가져야 할 필요가 있다고 생각한다.

새로움에 색이 있다면 어떤 색일 것 같은가?

빨간색이 떠오른다. 일단 내가 자주 보는 색이고, 매번 새로운 고기가 들어오면 그 색이 빨갛다. 신선한 고기이냐, 아니냐의 판단이 되는 색이기도 하다. 또한 자극적인 색이기 때문에 눈이 쉽게 간다. 어떤 내면의 욕망을 자극하는 것 같다. 그리고 무엇보다 위에서 새로움을 위해 많은 희생이 있었다고 말했었다. 새로움의 탄생을 위해 인류는 너무 많은 피를 보았던 것은 아닌가 싶다. 그 희생을 기억하자는 의미에서도 빨간색을 말하고 싶다. 또한 막 던져보는 말이라면 새로움을 멋지게 포장하기보다 우리가 마주하고 있는 새로움의 직설적인 모습과 앞으로 우리의 미래일 수 있는 부분에 경각심을 가질 수 있는 자극을 떠올리고 싶기도 하다.

요즘 대한민국에서 자영업을 하는 것은 상당히 어려운 일이라고 들었다. 직원을 구하는 것도 어렵고, 지출되는 비용도 많다. 그런 환경에서 어떻게 새로운 레스토랑을 오픈하게 되었나? 그리고 어떤 전략을 가지고 있나?

사업은 아주 오래전부터 누구에게나 어려웠다. 사업가는 상황이나 환경을 탓하지 말아야 한다고 생각한다. 서퍼가 파도가 높다고 무서워하면 서퍼라고 할 수 있겠나. 상황이 어찌 되었건 나는 자식도 있고, 마누라도 있다. 내가 재벌은 아니어도 걱정 없이 편안하게 살 수 있는 환경을 만들어주고 싶다. 그래서 상황을 주시하고, 내가 할 수 있는 일들을 고민한다. 상황이 어렵다고 사업을 하지 않는다면 그것도 암담한 일이 아닌가. 선생님은 누군가를 가르치고, 공무원은 나라의 일을 하듯이 사업가는 사업을 하는 것이다. 물론 피로도가 높고, 아플 때도 있다. 과거에 비해 직원을 구하는 것이 어려운 건 사실이다. 올 초에 직원이 구해지지 않아 전전긍긍하기도 했다. 그래서 함께 일하게 된 직원한테는 진심으로 대하려고 한다. 나의 장사를 위해 그들을 이용하기보다 나와 만난 그들에게 좋은 영향을 주기 위해 노력한다. 무책임하거나 무례한 MZ세대를 아직까지는 보지 못했다. 그저 나보다 어린 동생들이고 끌어주어야 하는 후배들 같다. 더 좋은 사장을 만났더라면 지금보다 나은 대우를 받고 배울 것도 많았을 텐데 하는 생각에 미안할 뿐이다.

〈직화장인〉에서 크리에이티브함이 느껴졌다. 그 배경과 의도, 스토리에 대해 알려주면 좋겠다.
(+이름이 직화장인인 이유에 대해서도 알려달라.)

브랜딩하는 것을 좋아했다. 그냥 내 성향인 것 같다. 아이디어가 떠오르고 하고자 하는 것에 명확성이 생기면 하나부터 열까지 모두 내 손을 거쳐야 성에 찬다. 상호를 떠올리고 그것에 맞는 직관적 이미지나 요소들을 결합한다. 결국에는 완성도가 높은 매장을 만들겠다는 의도인데, 그러려면 영업장 전체를 분할했을 때 모든 부분에서 디테일이 완벽해야 한다고 생각한다. 그럴싸한 것으로는 안 된다. 어느 것 하나 대충 채워 넣는 것도 안 된다. 다행히 그런 전반적인 일을 하는 것에 흥미를 느끼고 체력도 되는 편이다. 일하는 스텝들도 장사가 잘되어야 신나서 성취감을 느끼고 무엇이라도 배울 것 아닌가. 장사가 잘되지 않는 이유가 어느 한 곳의 디테일에 구멍이 있어서라면 내가 무슨 낯으로 스텝을 볼 수 있단 말인가. (웃음.) 그저 우리만의 무드를 만들고 싶었다. 위의 질문에서 답했던, 새로운 것을 보면 심장이 반응한다고 했던 것을 비즈니스에도 잘 적용한 것 같다. 내 심장이 뛰지 않는 것은 적용하지 않고 심장을 뛰게 하는 무언가를 찾을 때 까지 고민했다. 시각적으로 새로움을 표현하고, 기능적으로는 안정적이고 편안하면서도 실용적인 우리만의 것이 될 수 있는 완성물을 위해 매일 실험하고 시도했다. 화로 같은 경우에는 1년 정도에 걸쳐 완성되었다. 그에 대한 개발 비용 지출도 많았다. 그 결과 나는 내가 만든 것들을 통해 손님을 향한 자신감을 가질 수 있고, 그 에너지는 가게 전체에 긍정적 영향을 준다.

왜 굳이 메뉴로 고기를 선택했나?

첫째, 나는 고기를 좋아한다. 둘째, 나는 고기를 좋아한다. (웃음.) 나는 저기압일 때 고기 앞으로 간다. 자신이 가장 좋아하는 것을 하는 것이 자연스러운 세상 아닌가. 본능적으로 고기가 선택되어 있었던 듯하다. 그리고 왜 고기를 해야 했는가보다 고기를 한다면 어떤 이점이 있고, 미래는 어떠할까, 어떤 리스크가 있는가를 바라보는 편이다. 지속 가능한 외식업을 생각했을 때에도 육류 소비가 많은 우리나라에서 유리한 면이 있을 거라는 판단을 했다. 반면에 레드오션이라 할 정도로 경쟁이 치열한 것도 사실이다. 조금만 부지런함을 게을리하면 도태된다.
(웃음.) 선시와 같은 아티스트들과 비교했을 때, 왜 그런 재료를 선택했는지, 어째서 그 주제를 선택했는가를 질문할 때에는 동기와 의도 및 목적이 분명하고 흥미롭겠지만, 자영업자들은 왜 선택했는가보다 이미 선택한 무언가를 어떻게 유지하고 회전시킬 것인가, 어떻게 최대로 끌어올릴 것 인가에 포커스가 더 있을 것이라 짐작한다.

새롭게 가게를 하는 것에 불안함이나 두려움은 없었나?

떨리고 두근거린다. 자영업에는 운도 중요한 것 같다. 일단 그래도 새로운 가게를 열어서 기분은 좋은 편이다. 빨리 가게에 오고 싶기도 하다. 요식업 자영업자들은 남들 외식하는 시간에 업무를 해야 하고 집, 가게만 오가는 삶을 살아가는 라이프 스타일이 대부분인데, 얼마나 따분하겠나. 우리도 쳇바퀴 같은 삶에는 지겨움을 느낀다. 그런 면에서 나에게 새로운 영업장은 다양한 의미가 있다. 같은 서울이지만 다른 문화를 가진 듯한 손님들을 맞이하는 것도 흥미롭고, 새로운 희망도 있다. 될 것 같은 것을 알아보고 해내는 것도 사업이지만, 되지 않을 것 같은 것도 되게 만드는 것 역시 사업이라 생각한다. 내년 중순까지 잘 버티고 운 좋게 자리를 잡으면 다른 지역에도 진출하고 싶다. 노력하고, 현재의 삶보다 나은 삶을 기대하며 서비스를 구상한다.

Interview.05 직화일가 직화장인 대표 강영규 (右)

직화장인 신당점은 웨이팅이 긴 레스토랑으로 유명하다. 많은 셀럽이나 인플루언서들도 줄을 서서 먹는다. 그렇기에 근 몇 년간 신당동이 성장한 기반에서 직화장인을 빼놓을 수 없다. 이렇게 많은 사랑을 받을 수 있던 이유는 무엇이라고 생각하나?

나의 매력 덕분 아니겠는가. 과분한 사랑을 받는 것 같아 조금 민망하다. 항상 줄이 길진 않다. 그저 모든 손님에게 최선을 다하려고 노력한다. 책을 보고 오는 손님이 있다면 소정의 서비스를 주겠다. (웃음.)

* 직화장인 : 서울 중구 난계로11길 5 1층 / 서울 강서구 공항대로 227 1층 108, 109, 110호

만약 새로움을 주제로 레스토랑 이벤트를 해야 한다면 어떻게 할 것 같나?

어려운 질문이다. 요즘 유행하는 오마카세 가게라면 새로움을 선보이기가 더 수월할 것 같다. 그에 반해 우리 같은 업종은 최소 50% 정도의 익숙함이 깔려 있어야 새로움이 덧붙여도 손님들이 거부감을 느끼지 않는다. 그렇기 때문에 새로움으로 이벤트를 하는 것이 영업에 역효과가 있을 수도 있겠다. 선시님이라면 어떻게 할 수 있겠나. (SUNSEA : 신 메뉴를 출시할 수도 있고, 새로운 사람을 데려오면 음료 서비스를 줄 수도 있지 않나.) (웃음.) 내가 너무 깊게 생각한 것 같다. 이벤트는 모르겠고, 업장에 와서 먹을 때마다 질리지 않는 새로움의 맛을 제공하고 싶다. 적당히 익숙하고, 적당히 새로운 우리만의 맛.

매번 새로운 손님을 받는 것에 피로감이 있을 것 같다. 노하우나 방법이 있나?

아직까지는 새로운 손님이 오면 기분이 좋다. 특히 가게를 오픈한 지 얼마 되지 않은 상태에서는 모든 손님들이 소중하고 고맙다. 또한 덩치가 있는 편이라 손님들이 쉽게 나를 공격하지 못한다. (웃음.) 최적화 아닌가. 그리고 덩치와 달리 예민한 부분이 있어서 손님이 불편해하는 것 같으면 바로 알아차리고 그런 일이 생기지 않도록 노력한다. 만약 내 노력을 벗어나는 우리와 맞지 않는 손님이 있다고 하더라도 그렇구나 하고 넘기는 편이다.

레스토랑을 운영하면서 가장 힘든 부분은 무엇인가?

이렇게 인터뷰를 할 때가 힘들다. (웃음.) 힘들지 않다. 감사하다.
따져보자면 매일이 힘들고, 다르게 생각한다면 매일이 행복하다.

가장 자신 있는 메뉴(요리)가 있다면 어떤 것인가?

돈마구로살이다. 돼지고기인데 참치의 배꼽살, 등살과 모양새가 비슷하다고 하여 그렇게 부른다. 직화장인만의 특수 부위라고 할 수 있다. 고객들에게 여러 가지 부위를 먹게 해주고 싶어서 만든 일종의 패키지이다. 이 메뉴가 사실 40% 정도의 로스가 발생한다. 하지만 그럼에도 불구하고 고수한다. 그것이 우리만의 특별함이기도 하다. 수익을 많이 남기지는 못하더라도 손님들이 즐거움을 느끼고 맛있게 먹는 모습을 생각하면 기쁘다.

일이 많이 바쁠 텐데 취미 활동을 할 수 있나?

시간을 일부러 만든다. 하루 종일 가게에 있는 것은 아니지 않나. 운동을 좋아한다. 주짓수를 오랫동안 해왔다. 웨이트도 한다. 운동을 하는 것이 내가 하는 일에 간접적으로 도움을 주는 것 같다. 환기도 된다.

자영업을 하는 것에 대해 가족들은 어떤 반응인가?

처음에는 불안했던 것 같다. 하지만 점차 믿음이 생기면서 응원해주고 있다.

앞으로 레스토랑의 미래는 어떻게 바뀔 것 같나?

고급화된 레스토랑과 저가형 레스토랑, 이 두 방향이 되지 않을까. 거칠게 말하면 제대로 된 외식이냐, 때우는 식사냐로 나누어질 것 같다. 중산층의 포지션이 사라질 것 같은 느낌이다. 가게를 운영하는 입장에서 인건비나 원가, 지출 비용 및 세금 등을 생각하면 그것이 허풍은 아니라고 생각한다. 고급화된 레스토랑은 위에 나열한 것들이 충당되기 쉬운 자본주의적 구조가 있을 것이고, 저가형 레스토랑은 인건비나 지출 비용을 최대한 줄이는 입장으로 유리함을 취할 것 같다. 중간이라 말할 수 있는 레스토랑은 애매한 포지션으로 팔리는 것 대비 금전의 흐름 구조상 큰 수익을 내는 것에 더 큰 어려움을 겪게 될 것이다. 아무리 고객을 생각하는 서비스가 요식업이라고 하지만 우리는 분명하게 수익이라는 비즈니스의 목적을 가지고 있다. 이미 예전에 비해 많은 사람들이 퇴직하고 치킨집이나 카페를 해야겠다는 생각을 하지 않는다.

앞으로 어떤 새로운 일들이 세상에 일어날 것 같나? (막연한 대답도 괜찮다.)

일단 선시님이 우리의 고기를 먹으면서 감탄하고 주변에 알리는 일이 곧 몇 시간 내로 발생될 것 같다.

새로운 꿈이나 계획이 있다면 무엇인가?

가게가 무사히 사고 없이 잘 운영되었으면 좋겠다. 코로나 같은 팬데믹이 또 오지 않는다면 좋겠다는 바람도 있다. 비즈니스가 확장된다면 해외 진출도 고려하고 있다. 태국이나 베트남도 좋고, 케이 푸드 문화가 대세인 만큼 그 물결을 따라 다양한 국가와 사람들에게 우리만의 고기 맛을 보여주고 싶다.

- 강일규(큐)님의 공유 책 구절 - 독창적인 사람이란 신기하거나 괴이한 것을 만들어내는 사람이 아니다. 모두가 질려버린 것, 낡았다는 이유로 진작 버려진 것, 너무 평범해서 누구도 눈길을 주지 않는 것을 마치 미래에서 찾아온, 한 번도 본 적 없는 새로운 것을 탐구하듯 바라보는 눈과 뇌와 감성을 가진 사람이다.
- 『인간적인 너무나 인간적인』 중에서(프리드리히 니체, 김미기 번역, 2001, 책세상)

"내 심장은 일어서는 것을 다시 배우고 있어."

새로움의 반항
'시간이 흐를수록 가치가 올라가는 것들'

친구
새로운 친구도 좋지만, 시간이 오래 흐를수록 끈끈하고 서로 신뢰하는 관계가 될 수 있다.

자산(부동산, 주식 등)
부동산에 관한 안 좋은 전망들이 많지만 일부 부동산은 시간이 지날수록 값어치가 올라갈 것으로 예상되고 있다.

예술품과 수집품
예술품과 희귀한 물건, 오래된 화폐와 같은 수집품들은 시간이 흘러감에 따라 희소가치가 생기고 그로 인해 값어치가 올라간다. 예술품의 가격을 책정하는 기준 중의 하나가 얼마나 오래전에 완성되었는가이다.

브랜드
새롭게 탄생된 브랜드라는 점이 반짝이는 별이라면, 그것을 오랜 시간 지속적으로 반짝이게 할 수 있는 것이 두 번째 과제라 할 수 있다. 시간이 흘러 값어치가 올라갔다는 표현보다는 오랜 시간 동안 버텨냈다는 것에 브랜드 가치가 올라갈 수 있다. 전문 투자자들은 브랜드의 가치 및 신뢰도를 판단할 때 생긴 지 얼마나 된 브랜드인지를 첫 단계에서 질문한다.

식음료
위스키: 위스키는 술통에서 숙성 과정을 거치는 동안 맛과 향이 변한다. 숙성은 위스키의 품질을 향상시키며, 오랜 시간이 지난 위스키는 높은 가치를 지닐 수 있다.
김치: 김치는 발효 과정을 통해 맛이 깊어지고 유익한 박테리아가 형성되며 영양 가치가 증가한다. 또한 시간의 흐름에 따라 맛과 향이 깊어지고 특색 있는 김치로 거듭날 수 있다.
된장: 된장은 대부분의 발효 음식처럼 오랜 기간 숙성됨에 따라 맛과 향, 영양이 더욱 풍부해진다. 오랫동안 숙성될수록 깊은 맛이 형성되며 구수한 풍미가 강조될 수 있다.
(번외_된장남, 된장녀 : 시간이 흐를수록 이성적인 매력이 떨어질 수 있다.)

추억
어린 시절 및 과거의 소중한 추억들은 시간이 지날수록 더욱 가치 있고 아름다울 수 있다.

나무
나무는 시간이 지날수록 풍성하고 아름다워진다.
너와 나의 관계도 시간이 많이 흐르더라도 잘 유지된다면 더욱 가치 있겠지.

팬데믹 이후 느끼는 일상의 소중함
새롭게 느껴지는 일상들

" 우리는 때로 현재의 소중함을 보지 못한다. "
새로움을 향하는 눈을 나의 주변으로 잠시 옮겨보면 어떨까

2019년 중국 우한에서 시작된 신종 바이러스 코로나19는 빠른 시간 동안 전 세계로 확산되었다. 기존에 경험했던 바이러스들에 비해 엄청난 전파력을 보였다. 코로나19 유행 초기 백신이 개발되기 전, 정부는 바이러스 감염을 예방하기 위해 마스크 착용을 제안했고, 외출을 자제하라는 지침을 내렸다. 그로 인해 마스크의 수요가 급증하면서 마스크 품귀 현상이 벌어지기도 했다. 손 소독제나 타이레놀 같은 의약품도 쉽게 찾을 수 없었으며, 생필품들도 빠르게 소진되는 현상을 목격했다. 좀처럼 바이러스가 사라지지 않아 학교를 비롯한 여러 공공기관이 임시 폐쇄되었고, 많은 회사들이 기존 업무를 온라인 및 재택 업무로 전환하는 조치도 취해졌다. 당시 나는 확진자와 동선이 겹쳤다는 연락을 받고 구청으로 바이러스 검사를 받으러 가야 했는데, 무척 짜증이 났던 기억이 있다. 안 아프던 몸이 쑤시면서 몸살 기운이 올라오는 것 같았고, 줄을 서는 과정에서 누군가에게 옮는 것은 아닌지 불안함도 있었다. 확진자가 되면 아픈 것도 속상한데 사회적으로 죄인이 되는 듯한 분위기도 있었다. 지인 중의 하나는 확진이 되고 수용소 같은 곳에 다녀오기도 했다. 확실히 팬데믹 사태는 재난이 맞았던 것 같다.

당시 온라인 문화가 급속도로 발전했다. 다양한 OTT 플랫폼들이 생겨났고, 배달 어플을 비롯한 다양한 서비스가 확대되었다. 라이브 커머스라는 개념도 그때 발전했던 것 같다. 세계적으로 근무 환경이 집으로 바뀌면서 많은 변화도 있었다. 당시 제주도로 이사 간 지인도 몇 있다. 공연예술 관련 일을 했던 나는 팬데믹 당시 새로운 경험을 많이 했다. 온라인 라이브로 공연을 송출하는 시도를 처음 해보았는데 그 나름대로의 의미와 더불어 창작자로서의 새로움이 있었다. 처음엔 섭외된 카메라 감독님들이 어떻게 무용 공연을 카메라에 담아 송출해야 하는지 몰라 전전긍긍했지만 나중에는 베테랑이 되셨던 기억도 난다. 간혹 관객이 마스크를 착용한다는 전제하에 현장 공연이 가능한 경우도 있었는데, 허용 가능한 인원수가 출연진과 스텝만으로 초과되어 한두 명만을 관객으로 받아 공연하는 새로움도 있었다. 얼마 되지 않았지만 마치 먼 과거의 일처럼 느껴진다.

나는 바이러스 감염을 잘 피해 2년간 확진을 면했지만 막바지인 2022년 공연 쇼케이스를 앞두고 확진 판정을 받았다. 나와 함께 춤을 추었던 무용수 한 명도 내게 옮았다. 아프긴 정말 아팠다. 눈알이 뒤집어지고 온몸이 으스러질 듯했으며 정신이 혼미하면서도 추웠다. 시간이 지나고 검사 키트에 한 줄이 나오자 기쁜 마음에 뛰쳐나갔다. 바이러스에 감염되기 전에는 세상을 경계하고 무서워했는데 막상 걸리고 나니 당분간은 두려울 게 없는 느낌이었다. 그렇게 시간이 흐르다보니 마스크 착용 의무가 해제되면서 점차 일상을 되찾는 듯했다. 쇼핑몰도 여러 기관도 나이트클럽도 다시 문을 열고 활기를 찾아가기 시작했다. 하지만 누군가 기침을 하면 괜히 경계를 하게 되는 버릇이 생겼다. 아무튼 아직 바이러스와의 전쟁이 종식이 된 것은 아니다. 변이가 생길 수 있고, 또 다른 신종 바이러스가 나타날 수도 있기 때문이다. 그렇기에 지금 이 순간의 소중함을 배우게 된 것 같다. 인간은 꼭 재난을 겪어야 평소의 소중함을 깨닫게 된다. 오늘이 얼마나 소중하고 새로운 가능성을 품은 날인지, 지금 스쳐 가는 일상들이 얼마나 아름다운지 잊지 말아야겠다.

근래 새롭게 알게 된 사실들
새롭게 알게 된 사실들 <내가>

1. 맛있게 먹는 게 0칼로리는 아니었다.

2. 매일 하루 50분 동안 무언가를 꾸준히 해보니 시간을 낭비하며 산다는 생각이 들지 않을 수 있다.
　　예) 매일 50분 동안 : 명상을 한다. 책을 읽는다. 글을 쓴다. 그림을 그린다. 인터넷 강연을 듣는다.
　　　　　-성공을 위해서라기보다 내가 나에게 떳떳할 수 있기 때문에 추천한다.

3. SNS를 한글로 바꾸면 눈이 된다. (+무심코 올린 사진 한 장. 적은 지켜보고 있다. - 예비군)
　　- 예비군 훈련을 받으러 가면 새로운 것들을 많이 목격한다.
　　　적에게 공포심을 줄 수 있을 강인한 마음도 배운다.
3-1. 내가 조금만 집중하면 누군가를 살릴 수 있다. (심폐 소생술)

4. 오렌지가 존재하는 이유는 번식을 위함이었다.
　　- 사람들에게 상큼한 맛을 주기 위함이 아니라는 것을 알고 있었는데. 잘 잊는다.

5. 전혀 새롭지 않은, 나쁘게 말하면 촌스러운 것도 자신감과 확신을 가지면 새롭고, 다르게 보여질 수 있다.

6. 몸에 수분이 부족하면 다양한 질병에 노출되기 쉽다. 감수성은 수분이 부족하면 쓸쓸함에 노출되기 쉽다.

7. 지반을 불안정하게 설정해놓아야 균형을 잡기 위해 몸의 감각이 살아난다. 그리고 적응한다.

8. 근무 외 시간에 내가 아이디어를 묻거나 전화하는 것을 직원이 불편해했다.

9. 몇몇의 예민한 사람들은 사건을 받아들이는 당시에는 무슨 감정인지 모르다가, 멍 때리는 순간에 그 사건을 해석하면서 분노의 감정을 느낀다. 다 지난 일을 왜 이제 와서 말하냐고 하는 사람들은 이 사실을 알아주면 좋겠다.

10. 아름다움의 '아름'은 '나'를 뜻하는 것이었다.

11. 지금 이 순간에도 안락사를 눈앞에 둔 유기견들이 있다.

12. 라이터가 성냥보다 먼저 개발되었다.

13. 치실 사용으로는 치아가 그렇게 많이 벌어지지 않는다.

14. 꿀은 썩지 않지만 꿀 같은 말들은 쉽게 썩어버린다.

15. 여동생이 연애한다는 소식을 듣고 알 수 없는 분노가 올라와 헤어지라고 말하는 나 자신이 새로웠다.

16. 나는 내가 원하는 것에 그렇게까지 솔직하지 않았다.

17. 수익은 생각하지 말고 결과물만 잘 만들라는 말은 사실이 아니었다.

18. 경험 삼아 해보라는 말과 처음부터 어떻게 잘하냐는 말은 듣는 게 아니었다. 그 말은 더 할 수 있는 노력의 시간을 게으름으로 바꿀 뿐이었다.

19. 다이아몬드는 영원하지만 발전을 의미하진 않는다.

20. 나는 아직도 내가 누구인지 모르겠다.

새로운 산업 '실버 에세이'

실버산업이 오로지 케어와 요양의 방향으로 가는 것이 맞을까

인간에게 배움은 어떤 의미일까. 과거에는 살아야 했기 때문에 기술을 배워야 했고, 내가 어렸을 때는 성적을 내고 성과를 내기 위해 배워야 했다. 하지만 학업을 마친 이후에도 이놈의 사회는 끊임없이 무언가를 배워야 한다. 매년 새로운 무언가가 등장하면 그것을 이해하고 숙지해야 하는 환경에 놓여있기 때문이다. 나도 버거울 때가 많은데 어르신들은 변화해가는 세상에 적응하는 것이 더욱 쉽지 않을 듯하다. 생각해보면 인터넷이 없던 시절 어르신들의 모습은 조금 달랐던 것 같다. 어른으로서의 지혜와 경험을 통해 지금의 검색 창 기능을 어느 정도 대신해주었다. 요즘은 인터넷이 워낙 발달되어 어른에게 무언가를 묻지 않는다. (여행에서 길을 잃어도 질문하는 이는 많이 없다.) 어린 세대가 질문하지 않는다는 것은 대화의 단절을 의미할 수 있다. 얼마 전 요즘 유행하는 키오스크 주문에 진땀을 흘리는 어르신을 목격하고 도와드린 적이 있다. 내 입장에서는 스크린에 있는 그림과 글씨를 보며 순차적으로 진행하면 되는 일인데, 해보려는 시도조차 하지 않는 것처럼 느껴지기도 했다. 집에 가는 길에 다시 생각해보니 그 어르신은 익숙하지 않은 환경에 순간 머릿속이 하얘졌을 수도 있을 것 같았다. 해외에서 휴대폰이 방전된 채로 길을 잃었을 때 지나가는 누군가에게 물어봐도 될 텐데 그저 당황해 어쩔 줄 몰라 했던 일도 떠올랐다. 어르신들은 나이가 들어서 그것을 하지 못하는 것이 아니라, 익숙하지 않아서 시도조차 못하는 것이다. 왜 그것을 하지 못하는지 질문하면 겉으로는 아닌 척해도 마음은 슬플 수 있다.

어른이라고 속상함에 면역력이 좋은 건 아니다. 나이와 상관없이 살아 있는 모두는 아픔을 느낀다. 더구나 그들이 어린 시절 보고 자랐던 어른의 모습과 현재 본인의 모습을 비교해본다면 왠지 모르게 우울할 수도 있다. 그들의 잘못도 아닌데 말이다. 택시를 잡는 것에도 어려움을 느낀다. 요즘에는 거리에 빈차가 잘 보이지 않는다며 하염없이 기다리시던 어르신을 기억한다. 휴대폰으로 택시를 예약하기 때문에 길거리에서 택시를 잡는 것이 어려워졌다는 사실조차 나는 인지하지 못하고 살았다. 그들을 위한 배움의 장이 필요하다는 생각이 들었다. 무엇보다 현재 사회를 누리기 위해서는 배워야 한다고 생각했다. 나이가 들었으니 돈을 내면 모든 것을 하나부터 열까지 다 해주는 방향보다 적응하고 나아가 스스로 할 수 있도록 손을 잡아주거나 도와주는 방향이 맞는 게 아닐까. 나이와 상관없이 모르는 것이 있을 수 있고, 모르던 것을 알게 되는 데서 기쁨도 얻을 수 있다고 믿는다. 연령 제한 없이 모두가 누릴 수 있는 것을 동등하게 누리기를 바란다.

흔히 실버산업이라 하면 요양, 안락함, 의료 및 검진 서비스, 취미 생활을 떠올리게 되는데, 그런 것들로만 한정 짓는 것이 과연 맞는 것일까 의문이 든다. 그것이 더욱 세대의 분리를 만드는 것은 아닐까. 함께 공존할 수 있는 방법이 없을까. 그리고 어르신들이 젊은 세대와 같이 사회적으로 누릴 수 있는 것들을 누리고 싶어한다면 우리는 어떻게 도울 수 있을까. 그들 중에도 창의적인 활동을 하고 싶은 사람이 있을 수도 있다. 현재는 세상이 변화하는 속도에 개인이 빠르게 적응해야 하는 시대인데 나부터도 새로운 시스템을 마주하면 혼란이 오면서 거부감이 든다. 복지의 측면으로든, 실버산업의 측면으로든 노년층의 문제를 일방적으로 해결해주는 것이 아니라 그들이 원하는 바를 함께 실현할 수 있는 방법을 강구한다면 더욱 의미 있지 않을까.

내가 바라는 새로운 미래는 교통수단이 발달되고, 최첨단 기술로 세상이 바뀌는 것보다 연령에 제한받지 않고 모두가 차별이나 고통 없이 공존하는 세상인 것 같다. 어떤 노력을 통해 그것이 가능한지는 모르겠지만, 세상은 인사이드의 인사이드를 위해서 고속열차처럼 전진 중인 것 같아 우려가 된다.

"이 글을 본 뒤로 어르신을 마주한다면 용기 내어 안아주자. 그것은 어쩌면 '나'를 안아주는 일이다."

새로운 가능성 '슬픔'

"슬픔은 치유의 힘을 가지고 있다. 슬픔은 기다려야 하는 과정이다. 슬픔의 감정에 빠져 있을 때 우리는 타인의 사랑과 배려를 받아들일 준비가 된다. 분노로 가득 차 있을 때는 다른 사람들이 당신에게 애정과 친절을 베풀지 못한다. 당신이 그들이 다가오는 것을 거부하기 때문이다. 슬픔은 사람들을 곁으로 불러들이지만, 분노는 멀어지게 한다. 우리는 종종 상실한 것들을 직시하고, 현실을 있는 그대로 받아들일 때까지 분노의 감정에 매달린다. 이길 가능성이 없는 전쟁을 포기할 때, 분노는 슬픔으로 변한다. 슬픔은 분노의 감정과는 달리 타인의 공감을 끌어낸다는 장점을 가지고 있다. 슬픔은 다른 사람의 지지를 얻는다. 또 슬픔은 지나가는 감정이다. 건강한 슬픔은 오래 지속되지 않는다. 당신은 한동안 슬픔의 감정을 경험하고, 상실한 것에 작별 인사를 하고 손에서 떠나보낸다. 그리고 눈물을 닦으면서 새로운 가능성을 찾아 나설 준비를 한다."

『센서티브 : 남들보다 민감한 사람을 위한 섬세한 심리학』 중에서
(일자 샌드, 김유미 옮김, 2017, 다산지식하우스)

브랜드에서 찾은 새로움

자신
JASIN for me

"갑작스럽게 울리는 전화벨 소리에 심장마비가 걸릴 것 같다면 가방에서 꺼내 착착 바르자."

"가진 건 없어도 자신감이 넘친다.

" 나 자신을 속이지 말라. 내 피부에 타인을 바르자"

" 자신을 소중하게 생각하는 것이 타인을 소중하게 생각하는 것이다. 소중하지 않은 것은 없다. "

" 춤은 자신감이다. 그리고 자신감이 곧 춤이다."

" 나만의 아방가르드 솔루션."

자신 바디로션

차세대 브랜드 '자신'으로부터 제품을 협찬을 받아 사진 찍고 작성한 글입니다.

경남제약
레모나

"레모나는 창작에 직접적인 도움을 주지는 못해도 잠시 생각할 여유를 준다."

"다 필요 없고, 혀에 새콤함을 선물하자."

"파티에 가는 남자 친구에게 레모나를 주지 말자. 정신이 번쩍여 다른 이성이 눈에 들어올 수 있다."

"괴한이 습격할 것 같다면 당황하지 말고 주머니에 있는 레모나를 꺼내 입에 털어 넣자."

"하늘이 무너져도 레모나 하나면 솟아날 구멍이 있다."

" 명절이 다가온다면 미리 꼭 챙겨먹고 시어머니에게 인사를 잘해보자. 오늘도 화이팅 "

경남제약으로부터 레모나를 협찬 받아 사진 찍고 작성한 글입니다.

Something New found in the BRAND

이클립스 민트캔디	"입안에 넣는 순간 삶의 장면이 전환되는 캔디가 있을까?" "키스 신을 앞둔 배우의 매니저라면 주목하라" "오늘 할 일을 내일로 미루었을 때, 그 불편함에 위로를 주는 캔디가 있을까?" "유난히 헛소리가 많은 친구가 있다면 이클립스를 구강으로. 우리는 짧은 순간이라도 고요함을 원한다. 이클립스가 당신의 라이프 스타일을 높여줄 수 있다." 광고비를 전혀 받지 않았으며, 선물로 받은 이클립스를 사진 찍고 작성한 글입니다.
태국에만 파는 똠얌맛 신라면 x JAYFAI	"사나이 울리던 신라면 태국시민들 울린다." "틀린 게 아닌 다른, 다름이 만나 창작." "충돌은 파괴가 아닌 새로운 시작을 의미할 수 있다." "두가지 전통이 만나 새로운 역사를" 신라면x제이파이 똠얌맛 신라면 태국 현지 세븐 일레븐 방문 당시 제품을 구입하여 사진 찍고 작성한 글입니다.

다. 튼튼 게끔 꿈꾸는 꿈이 물불 가리지 않아서 자작 그 양분을 니다.

요즘 젊은 아티스트들은 어떻게 창작을 하고 있을까?   Interview.06

자신이 원하는 것, 잘할 수 있는 것, 좋아하는 것을 명확하게 알고 있는 - 무용가 정희은

" 새로움은 발견이 아닐까 "

무용 연습실을 오가며 스치듯 마주쳤던 정희은 안무가는 항상 자신감이 넘쳐 보였다. 무언가 재미있는 일을 만들어낼 것 같은 에너지가 느껴졌다. 대화를 나누어보고 싶어 인터뷰를 요청했다. 요즘 젊은 무용가들은 어떤 생각을 하고 사는지도 궁금했다. 새롭게 떠오르는 안무가로, 조만간 한국 무용계에서 재능과 열정을 인정받으며 급부상하게 될 것이라고 전망한다. 무용을 하는 사람들은 스쳐 지나갈 때, 대화할 때, 그 사람이 춤추는 것을 볼 때 각기 다른 모습을 발견할 수 있다. 정희은 안무가도 그랬다. 그러나 함께 시간을 보내면 서로 달랐던 모습이 하나로 통일되면서 진짜 얼굴이 보이게 된다.

'새로움'이란 무엇이라 생각하나?

최근에 가방을 하나 구입했다. 거기 적힌 문구가 마음에 들어서였다. 'There is nothing new'라는 문구였는데, 새로운 것에 부정적인 것이라기 보단 새로움이라는 것을 다시 생각해보고 조금 더 찾아보아야 한다는 의미로 해석되었다. 우리는 매일 획기적이거나 새로운 것에 현혹되지만 어쩌면 그것은 현혹을 위한 것일 뿐 진짜 새로움은 아니지 않나, 라는 질문을 하게 된다. 무언가가 새롭게 나타났다는 의미보다는 발견했다는 의미로의 새로움이 내가 생각하는 쪽의 새로움인 것 같다. 질문지를 받았을 때 곧장 떠올랐던 단어는 발견이었다. 진정한 창조, 무에서 유를 뜻하는 새로움이 있겠지만 어쩌면 무에서 유가 되는 것조차도 들여다보면 무언가와 무언가가 만나서 새로운 것이 되는 게 아닌가 싶다. 그렇다면 사실은 애초에 분리된 새로움은 없다는 생각도 든다. 또한 새롭게 무에서 유가 되었다 하더라도 발견되지 못하면 그것은 새로움이라 할 수 없지 않을까.

새로움에 색이 있다면 무슨 색이라고 생각하나?

팔레트 전체의 색상을 말하고 싶다. 변화무쌍한 색.

근래에 느끼거나 보았던 새로움이 있나?

근래에 발견한 새로움은 많다. (웃음.) 특히 움직임 작업을 하고 있다보니 주로 무용수들에게서 새로움을 많이 발견한다. 내가 생각하는 단어나 주제를 무용수들에게 던졌을 때, 그들이 해석하는 방향들에 놀랄 때가 많다. 도리어 나에게 역으로 질문이 돌아오기도 한다. 내가 생각했던 것과 완전히 다른 방향이구나 생각하며 그들 각자의 이야기를 듣고 있다보면 여러 가지 새로움을 발견하게 된다.

현대무용은 공동 움직임을 잘 해내야 하는 부분도 있지만, 점차 자신의 움직임에 대한 고찰과 고민, 창작의 영역이 크게 두드러지는 분야인 것 같다. 그와 관련하여 새로운 무언가를 발견하거나 느끼기 위해 지속적으로 연구하고 노력하는 경우가 일반적인데, 정희은 무용가는 어떠한가?

(웃음.) 나와 같은 경우에는 하루의 대부분이 호기심으로 가득하다. 호기심을 가지면 많은 것들이 궁금해지지 않나. 호기심을 갖는 일은 창작자에게 매우 중요한 것 같다. '중력은 하나의 방향으로만 작용할까, 내 몸은 어떻게 아래로 떨어지는 걸까, 내가 원하는 움직임을 하려면 어떤 방향으로 가야 할까, 어떤 근육을 사용해야 할까, 어떤 냄새를 맡아야 몸이 변화 할까, 혹은 나는 왜 그것을 보고 이렇게 생각하는 걸까, 저 사람은 왜 저렇게 생각할까, 어떤 것들을 보고 성장했을까' 등의 사소한 호기심과 질문들이다. 이러한 것들이 작업의 출발점이 되는 것 같다. 어찌 보면 내가 하는 질문은 본능에 귀를 기울이는 일일지도 모른다. 그런 부분들을 고민하고 어디에서 비롯되었는지를 사고한 이후에 그 내용에 맞는 책을 많이 찾아본다. 영화나 시각적인 것들에 의존하는 편은 아니다. 이미지를 감각적으로 받아들여서 따라 한다거나 하는 시도도 나와는 맞지 않는다. 오히려 과학 책을 많이 보는 편이다. (웃음.) 추천한다. 진화심리학이나 인지심리학, 물리학 등이 재미있다.

해외 경험이 많이 있는 것 같던데 현지에서 느꼈던 새로움은 없었나?

캘리포니아 로스앤젤레스에 있는 칼아츠(Cal Arts)라는 곳에 교환 학생으로 있었다. 당시에 좋은 동료이자 아티스트인 Mint Park씨와 콜라보레이션한 'Bit 빛'이란 작품을 New Original Festival 이라는 곳에 선정되어 현지에 올리게 되면서 더 체류했다. 유년시절 해외에서 학교를 다녔기 때문에 외국인을 마주하는 것에서 신기함이나 새로움이 느껴지진 않았다. 다만 문화적으로 사람들에게 예술이 얼마나 오랜 시간, 깊게 자리 잡혀 있었는지 체감할 수 있었던 것들과 작업을 바라보는 관점이 달랐던 것에 새로움을 느꼈다. 그들은 완성도 있는 작업도 중요하지만 그 사람만이 가지고 있는 새로움(특별함), 실험적인 태도를 중요하게 보았던 것 같다. 당시 운이 좋게 중견작가들과 같이 한 무대를 공유했었다. 그 곳에서는 만든 이의 나이, 경력, 혹은 완성도가 있는 작업인가의 지점보다 보는 이에게 얼마나 흥미로운가, 새로운가, 실험적인가, 라는 부분을 많이 보더라. 당시에는 첫 안무작으로 고작 스무살이 막 넘던 어린 나이에 본능적으로 만들었던 작품이라 어떻게 설명해야 하는지도 몰랐다. 하지만 전혀 연고가 없는데도 무대 이후에 이루어진 단단한 프레스콜들과 당시 우리 작업물을 보고 명함을 건네고, 현지 매거진에서 저절로 열 개 남짓의 기사들이 적혀왔었던 것들, 그런 상황들 자체가 충격이었다.

한국에서는 지원 사업을 심사하거나 작품을 평가할 때 얼마나 참신한가, 기존의 작품들과 무엇이 차별화되는가를 보게 된다. 해외에서도 비슷한가?

일단 해외에서 작업에 대한 피드백으로 'New'라는 말을 잘 들어보지 못했다. 새로울 것이라는 기대로 작품을 보는 것 같지도 않았다. 작품을 감상하면 자신이 느꼈던 감정을 주로 표현한다. 어떤 면에서 New라는 말이 위험하기도 한 것 같다. 지금 다시 생각해보니 흥미로운 지점이다.

나는 요즘 '새로운 것이냐' '새롭게 볼 것이냐'를 두고 고민에 빠져 있다. 어느 쪽이 옳고 그른 것은 아니겠지만, 본 화두에 대한 무용가는 어떻게 생각하나?

앞서 말했던 것의 연장선으로 새로운 것은 발견해야 하는 것 같다. 그러니까 '새롭게 볼 것이냐'에 가깝지만, 그렇다고 해서 무에서 유가 되는 것들에 대해 반박하고자 하는 의도는 없다. 그저 겹쳐져 있는 맥락으로 생각하고 있다.

새로움이 잘 느껴지는 작품이 있었나?

작년 프리즈서울 기간에 더스틴 옐린(Dustin Yellin) 이라는 작가가 한국에서 개인전을 열었다. 그의 작업이 최근에 본 것 중에는 가장 기억에 남는다. 자연과 인간에 대한 애정이 담긴 면모들, 동시에 아주 구조적인 도시의 모습과 팝한 컬러감이 잘 섞여있어 아주 오랫동안 머물러 보고 있었다. 그리고 무엇보다 그의 작업에는 유머러스함이 담겨 있어 좋았다. 또, 작년 겨울 뉴욕에 그가 만든 Pioneerworks 라는 공간에서 기획한 감명깊은 공연과 전시를 보았다. 그는 스스로도 저명한 미술가이기도 하지만, 실험적인 공간을 만들어내고 다양한 아티스트들이 자신의 목소리를 내보이는 시간들을 마련하는데, 뉴욕이라는 도시가 다양한 배경을 두고 온 아티스트들이 만들어내고 그를 얼마나 감사해하는 도시인지를 그 공간에서 또 한번 몸으로 느낄 수 있었다. 한 공간에서 과학자들, 쉐프들, 퍼포머들, 언더그라운드 신에 있는 뮤지션들 등등이 모여 이야기할 수 있다는 것에 감명을 받았다. 과거에는 더욱 경계없이 철학자가 과학자이자 평론가, 예술가인 시절이 있었다는 것을 다시 일깨웠고, 그런 부분이 이루어지고 있는 현장에 감탄을 금치 못했다.

다가오는 미래의 새로운 기술 발전에 대해서는 어떻게 생각하나?

나는 기술을 사용하는 것에 관대한 편이다. 지금껏 카메라나 조명 등을 작업에 사용해왔다. 요즘엔 온라인으로 공연도 한다. 기술의 발전이란 그저 새로운 어떤 하나가 더 들어오는 것이라고 받아들인다. 신기술은 신기술대로 이해하고 활용하면서 본질적으로 아티스트들이 던져야 하는 질문에는 계속 탐구하고 집중하는 것이 중요하다고 생각한다. 그러한 기술들이 예술을 대체할 수도 있다는 데는 아직까지 동의하지 않는다. 당연히 기계가 춤을 추고 작품을 만드는 시대는 올 수 있다. 하지만 인간을 대신할 수는 없다. 춤 자체를 보고 싶은 것도 있지만 춤을 추는 그 사람을 보고 싶은 것이 더 크다. AI가 인간을 도울 것이고 편리함도 줄 것이다. 여태껏 인간이 해왔던 많은 부분을 대신해줄 것 같지만 생명을 잉태하는 등의 일들은 불가능하지 않을까.

새로움의 반대는 올드함, 촌스러움이라 할 수 있다. 그런데 또 이 말들의 반대는 세련됨이 되기도 한다. 이에 대해서 어떻게 생각하나?

현대무용수들의 움직임이나 작품이 올드하다, 세련되었다 뭐 이런 부분에 대해서 나는 비판적인 생각을 가지고 있다. 올드하거나 세련되었거나의 문제는 나에게 중요하지 않은 것 같다. 그저 나에게 좋은 움직임과 작품인지 아닌지를 질문한다. 누군가는 레트로를 좋아하고 누군가는 일렉트로닉 음악을 좋아한다. 올드하거나 세련됨을 떠나 좋은 작업은 오랜 세월이 지나도 그 빛이 꺼지지 않는다. 나는 내가 좋아하는 것을 완벽하게 믿는 편이다. 그것에 고집과 취향을 가지고 있는 것이 좋다고 생각한다. 나와 함께 무용단을 이끄는 부대표(김천웅)는 외국에서 오래 활동했다. 그는 이스라엘 바체바 무용단의 최초 한국인 무용수이기도 했다. 하지만 그의 정서는 한국적이다. 그래서인지 그의 움직임과 작품이 결합되었을때 아주 매력적이다. 그는 예술적인 고집도 굉장히 세다. 평상시에 나는 그 흔들리지 않는 고집을 존중한다. 그 사람이 계속해서 그것을 지켜나갈 수 있도록 도와주고 싶다. 이전에 그가 했던 작업에서 옛날 한국노래에 맞춰 추는 춤을 보았을 때 이런 냄새가 나는 작업이 어떤 사람들의 마음에 닿을지 궁금했다. 올드 앤 뉴는 상관이 없는 것 같다. 올드하다고 불려도 그만한 힘이 있고 개인적으로 옛 음악들도 좋아하기도 하고, 덧붙여 '세련되다'라는 단어보다 '러프(Rough)'라는 단어를 더 좋아한다.

새로움이라는 주제로 작품을 한다면 어떻게 할 것 같나?

앞서 언급했던 'There is nothing New'라는 제목으로 작품을 준비할 것 같다. 어떤 그림일까. 일단 라이트(조명)가 떠오른다. 깜빡 거리는 라이트를 사용할 것 같다. 사라지고 생겨나는 어떠한 시그널을 의도하게 될 것 같다. 지속적으로 사라지고 밝혀지는 새로운 빛이랄까.

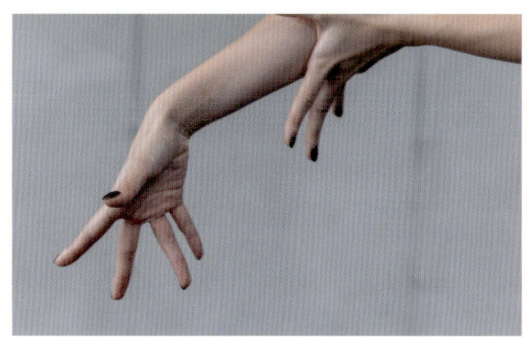

오픈 워크숍을 진행하고 있는 것으로 안다. 어떤 워크숍인가?

앞서 말한 김천웅 부대표는 가가 테크닉의 시초인 이스라엘의 바체바 무용단에서 활동했다. 가가 테크닉이 한국에 워낙 잘 알려져 있지 않아 알려보고자 하는 의도도 있었고, 아직 한국에는 없지만 휜댄스 내에서 일반인을 위한 '가가 피플' 수업으로 사람들을 움직임으로 만나고 싶다는 생각도 했다. 이스라엘에서 가가를 접하는 데에 좋았던 것들 중에 하나도 비전공자들이 춤에 시간을 할애하는 것이었다. 개개인이 일상에서 몸으로 춤을 시도하고 즐기면서 관심을 갖고 단순히 무대에서만이 아닌 춤으로 다른 연결 고리를 만들자는 맥락에서 오픈 클래스들을 진행하고 있다. 사실 맨 처음에는 한두 명밖에 오지 않았는데, 지금은 그래도 열다섯, 열여섯 분 정도까지 참여하신다. 워크숍에 올 때마다 다들 좋아해주신다. 한국인들의 특성상 첫만남에 쉽게 대화를 풀어내는 것이 쉽진 않지만 처음엔 어색해도 수업을 마칠 즈음엔 모두가 친해지게 된다. 그런 모습도 참 보기 좋다. 오히려 에너지를 받는다. (수업 문의 : [인스타] DM. @heen_dance)

*가가 테크닉(Gaga Movement Language): 바체바 무용단의 예술 감독인 오하드 나하린(Ohad Naharin)이 개발 및 연구한 무용 움직임 테크닉이다. 가가는 신체와 감각을 활성화하는 것을 전제로 하며 다중 감각적인 경험이라고도 할 수 있다. 수업은 선생님의 언어에 따라 즉각적으로 반응하고 감각적으로 따라하며 즉흥적으로 이루어지고, 무용수들과 일반인들은 각자 다른 형태를 통해 감각을 탐구한다. 영화 〈Mr.gaga〉와 넷플릭스 시리즈 〈무브〉를 참고하면 이해하기 쉽다. 오하드 나하린은 현 시대 가장 인정받는 안무가 중의 한 명이다.

*바체바 무용단(Batsheva Dance Company): 1964년 바체바 드 로스차일드(Batsheva de Rothschild)가 창단한 이스라엘의 무용단이다. 50년 가까이 활발한 활동을 이어오고 있으며 현재는 이스라엘을 넘어 전 세계적인 무용단으로 거듭났다.

앞으로의 새로운 계획이나 목표가 있다면 무엇인가?

할 수 있는 것에 최선을 다하자는 생각을 많이 한다. 좋은 작업에 대한 질문을 하면서 잘 살아가는 것이 목표다. 일단 잘 담아내며 살아야 하고, 잘 담은 만큼 잘 풀어낼 수 있도록 다지는 시간을 더 많이 가져야 할 것 같다. 그리고 무엇보다도 활동도 좋지만 그곳에만 너무 얽매여 살아가지 않도록 하고 싶다.

"지금은 접혀 있는 작은 존재이지만 언젠간 펼쳐질 것이다.
그리고 거대한 바람을 일으킬 것이다."   - 부채

NOTE. SUNSEA

Postmodernism
포스트모더니즘

Postmodernism

석사 과정에서 창작 수업을 들을 때 교수님께서는 포스트모더니즘에 대한 이야기를 많이 하셨다. 포스트모더니즘에서 우리가 배울 수 있는 것들이 너무나 많으며, 그것이 한창이었던 당시의 새로운 변화를 알면 현재의 내가 무엇을 해야 하는지 힌트를 얻을 수 있다고 하셨다. 좋은 창작물의 완성을 위해 미래를 보는 것도 좋지만 과거를 되짚어보는 것이 상당한 도움이 되기도 한다. 포스트모더니즘에는 정신이 많이 담겨 있다. 어떤 생각으로 무언가를 하는가, 왜 그것을 하는가, 나는 이것을 통해서 무엇을 전달하고자 하는가, 이것이 어떤 의미인가 등이 그 기본적 배경이라 볼 수 있다. 그렇기 때문에 때로 과하게 심플하거나, 매우 난해하여 해석이 어려운 경우도 있다. 과거와 달리 만드는 사람의 철학이나 의도가 강해졌는데, 지금 보기에는 당연한 일인 것 같지만 당시에는 상당히 혁명적인 새로운 현상이었다.

포스트모더니즘 이전에는 권위자나 후원자에게 종속된 예술가가 주문을 받아 작품을 창작하는 형태가 일반적이었다. 하지만 포스트모더니즘 시기부터는 종속적인 관계로부터 벗어나고자 하는 시도와 자유롭게 예술 작품을 창작하고자 하는 욕구가 있었다. 또한 당시의 사회적 배경이 녹아 있기 때문에 예술의 경계가 확장되면서 다양한 형식과 주제의 작품이 탄생하게 되었다. 특히 1960-70년대 미국은 사회적, 정치적 변화가 빠르게 일어나고 있었고, 이러한 변화가 문화에 영향을 미치기도 했다. 인종, 성별, 성 정체성에 대한 이해와 인식, 갈등이 증가하면서 다양성과 문화적 내용을 작품에 반영하는 경우가 많았다. 또한 대중매체, 특히 텔레비전과 영화는 포스트모더니즘 예술에 큰 영향을 미쳤다고 할 수 있다. 대중문화의 아이콘들과 소비문화, 광고, 다양한 매체로의 표현 방법 등이 예술 작품에 반영되기도 했고, 이로 인해 그 경계가 모호해지며 새로운 예술 형식이 등장하기도 했다. 그 시기에는 베트남 전쟁과, 공민권 운동과 같은 사회운동들이 활발하게 일어나기도 했는데 이러한 배경 역시 예술 작품에 반영되면서 정치적 메시지나 사회적 이슈를 다룬 작품들이 많이 등장했다. 즉 포스트모더니즘은 20세기 후반 무렵 현대사회와 문화에 대한 새로운 관점과 이해를 제시하는 철학적 운동이자 예술적, 문화적 흐름이라고 할 수 있다.

포스트모더니즘은 기존의 규칙과 질서, 절대성에 대한 의문을 제기하고 다양성과 상대성을 강조한다. 현대사회의 복잡성을 이해하는 데 도움을 주며 예술, 문학, 철학, 사회과학, 정치학 등 여러 학문 분야에서 포스트모더니즘적인 접근이 적용되고 있다. 또한 포스트모더니즘은 전통적인 예술의 경계를 넘어서고자 하는 특징이 있다. 대표적인 예로 미국의 예술가인 앤디 워홀(Andy Warhol)과 프랑스의 예술가 마르셀 뒤샹(Marcel Duchamp)의 작품이 있다. 이들은 기존 예술의 경계를 모호하게 만들었고 일상적인 대상이나 미디어 문화를 예술의 소재로 삼는 경우도 많았다. 문학에서의 포스트모더니즘은 전통적인 서사 구조와 캐릭터를 거부하며 독창적인 서사 기법을 사용하고 새로운 캐릭터를 등장시킨다. 당시 작가들은 시대의 복잡성과 불안에 대한 특유의 시각을 제시했으며 문학을 통해 현대사회를 탐구하고자 했다.

음악 분야에서는 다양한 음악 조각이나 소리를 혼합하여 곡을 창작하는 콜라주와 샘플링 기술이 많이 사용되었다. 이를 통해 과거의 음악을 재해석하거나 여러 음악 장르를 융합함으로써 새로운 음악을 제시했다. 포스트모더니즘 음악에서 존 케이지(John Cage)를 빼놓을 수 없다. 그는 작곡가이자 음악 이론가로서 현대 음악의 개혁을 주도한 인물로 알려져 있다. 케이지의 작품과 이론은 전통적인 음악 구조와 기술에 도전하며 새로운 음악 경험을 제공하는데, 그의 대표작인 <4분 33초>는 연주자가 악기를 연주하지 않고 무대에 서서 아무 소리도 내지 않는다. 대신 주변에서 들려오는 소리가 음악을 완성한다. 이 작품은 음악의 정의를 넓히고 음악의 경계를 모호하게 만들어 전통적인 음악 개념에 도전한 것으로 평가되며, 포스트모더니즘 예술의 핵심적인 특징 중 하나인 관객의 참여와 주관성을 강조했다. 또한 케이지는 우연성과 무작위성을 강조하면서 음악의 예측 불가능성을 증대시키는 실험적인 작곡 기법을 사용했다. 그의 작품과 이론은 음악에 대한 전통적인 시각을 뒤엎고, 소리와 음악의 본질에 대한 새로운 이해를 보여줌으로써 포스트모더니즘 예술의 방향성을 제시한 것으로 평가받는다.

존 케이지와 함께 작업했던 무용가 머스 커닝엄(Merce Cunningham)도 포스트모던 댄스의 중심적인 인물이라고 할 수 있다. 그는 전통적인 무용의 규칙을 거부하고 실험적인 움직임과 춤을 탐구했다. 기존의 무용과는 다르게 춤의 구조와 의미를 완전히 새롭게 정의했고, 춤과 음악의 독립성을 강조하여 고정된 리듬이나 음악과 동기화된 움직임을 배제했다. 춤과 음악은 별개로 존재하며, 이는 관객에게 예술 작품에 대한 새로운 시각과 경험을 제공했다. 또한 커닝엄은 현대무용에서 신체의 움직임에 대한 새로운 이해를 제시했다. 또한 자연스러운 신체 움직임과 독립적인 부분들의 조합을 통해 유기적이면서도 혁신적인 테크닉을 만들어냈다. 그는 포스트모던 댄스 운동의 선구자로 불렸으며 수많은 무용 예술가들에게 커다란 영감을 주었다. 그 외에도 포스트모더니즘이라는 운동은 현 시대의 창작자들에게 알게 모르게 많은 영향을 주었다. 그리고 여전히 배울 점은 많다. 새로움을 찾는 사람들은 포스트모더니즘에서 무엇을 배워야 할까. 개인적으로는 시도와 확신을 배우고 싶다.

*저드슨 교회
뉴욕 맨해튼의 그리니치빌리지 지역에 있는 교회이다. 이 교회는 미국 예술과 문화의 중심지 중 하나이다. 특히 1960년대와 70년대 미국의 실험적 예술과 현대무용의 중요한 장소로 알려져 있다. 위에서 언급한 존 케이지와 머스 커닝엄 같은 유명한 예술가들이 이 교회에서 활동하며 작업을 진행했다. 저드슨 교회는 여성 인권, 성 소수자의 권리, 환경 등 사회 문제에 대한 대화와 협력을 장려하는 장소로도 활용되었으며 현재까지 그 명맥을 이어가고 있다.

01. 마침표로 끝나던 모든 생각에 물음표를 붙여본다.
   ex) 그림은 볼펜으로 그린다. -> 그림을 볼펜으로 그릴까?
         작사를 하려면 작곡을 알아야 한다. -> 작사를 하고 싶은데 작곡을 알아야 할까?

02. 내 주변에 총 몇 가지의 색이 있는지를 탐색하고 기록해본다.
   ex) 시야 반경에 들어온 것들을 캡쳐하고 총 몇 가지의 색으로 구성되어 있는지 노트해본다.

03. 줄자를 구입하여 모든 것들의 길이를 재본다.
   정확히 일주일만 시도를 해보면 눈으로만 보아도 대강 길이를 맞출 수 있는 테크닉이 생긴다.

04. 종이를 펼치고 아래 제시한 음악을 들으며 들리는 것을 따라 그려본다.
   음악 1 - Steve Reich <SIX PIANO>
           www.youtube.com/watch?v=edKE10Yz_zs
   음악 2 - Michael Nyman <Chasing Sheep is Best Left to Shepherds>
           www.youtube.com/watch?v=xn1_vUe_Vws
   음악 3 - Roll the Dice <Way out>
           www.youtube.com/watch?v=l5aRQTgfTac&list=PLdLhe53FlDROeucvEmlFdXXIzdEvpyEz1&index=20

05. 빛 관찰하기
   빛은 어디에나 있다. 빛이 만들어내는 무늬나 패턴에 관심을 가져보자.
   새로운 걸 발견하면 기록하는 것을 잊지 말자.
   "세상이 아닌 사물을 통해서……." - 윌리엄 카를로스 윌리엄스(『예술가들에게 슬쩍한 크리에이티브 킷 59 : 온 세상을
   나만의 플레이그라운드로 만드는 법』, 케리 스미스, 신현림 옮김, 2010, 갤리온)

06. 비슷한 것들의 25가지 차이점 찾기
   뭐든 하나를 정해 여러 개를 모아본다. 나뭇잎도 좋고, 돌멩이, 조개껍질, 씨앗도 좋다. 눈앞에 쫙 펼쳐 놓고 아주 자세히
   관찰한다. 이번 목표는 차이점을 발견하는 것이다. 적어도 25개를 찾아보아야 한다. "상상을 하려면 느슨한 휴식이 필요하다.
   긴 시간, 별 기대 없이 기분 좋게 게으름을 피우며, 빈둥빈둥 시간을 낭비해야 하는 것이다." - 브렌다 유랜드(『예술가들에게
   슬쩍한 크리에이티브 킷 59 : 온 세상을 나만의 플레이그라운드로 만드는 법』, 케리 스미스, 신현림 옮김, 2010, 갤리온)

07. 동물, 식물과 대화를 해보고, 아스팔트나 자동차와도 대화를 시도해본다. 시도하는 것만으로도 값진 경험이다.

Creative warming up

크리에이티브 워밍업   창작을 위한 준비, 애티튜드 가이드

* 본 가이드는 필자의 제안일 뿐, 개인에 따라 차이가 있을 수 있다.

	찾기 익숙한 것을 새롭게 보는 방법 가이드
	딱딱하다 돌, 콘크리트,
	부드럽다 실크, 핸드크림,
	무겁다 프린터, 마음,
	미끄럽다 남산도서관 정문 앞, 친구가 설거지한 식기,
	부럽다 ( )

The newest being. ME

가장 새로운 존재
'나'에 대해 얼마나 알고 있을까

녹음기를 통해 스스로의 목소리를 들어본 적이 있는가. 나는 내 목소리가 무척 어색하다. 어쩌면 가장 새롭게 느껴질 수 있는 무언가는 외부에 존재하는 것이 아닌 나 자신일지도 모른다. 우리는 자기 자신에 대해 얼마나 알고 있을까.

굳이 새로움을 찾기 위해 멀리 갈 것도 없다. 나를 들여다보기만 해도 찾게 되는 새로움이 많을 수 있기 때문이다. '나'에게서 새로움을 찾으면 어떤 이점이 있을까. 그건 상대적일 수도 있고, 개인적일 수도 있으니 딱히 뭐라 말하기는 어렵지만 이번 생이 아니라면 나로 세상을 살아갈 수 있는 기회는 없을지도 모르는 일 아닌가. 좋든 싫든 나는 나와 만났고 오랜 시간을 살아가야 한다. 가끔 내 자신이 싫을 때도 있다. 어딘가 부족하고, 아쉽기도 하다. 어떨 때는 한심하기도 하다. 하지만 나만큼 디테일하게 나를 안아줄 수 있는 사람도 없다. 장애물을 넘어가며 살아갈 수 있는 에너지가 외부에 있지 않다고 믿는다. 결국은 내가 넘어야 한다. 나에게서 새로움을 찾는다는 것은 스스로에게 관심을 갖는다는 뜻이기도 하다. 관심이 때로 기적을 만들기도 한다는 것을 믿으면 좋은 일이 생길 수 있다. 지혜로운 사람이 되고 싶다면 새로움을 기다리기보다 관심을 통해 새로움을 찾아가야 한다.

자기 스스로를 비난하는 사람들이 많다. 누구나 충분히 이해할 수 있고, 공감할 수 있다. 나이가 들었다고, 사회적으로 쓸모가 없어졌다고, 이미 너무 늦었다는 생각 등으로부터 비롯되는 경우가 많다. 속상한 마음은 알겠지만 그 말을 듣는 내 세포와 장기, 피부, 나를 이루는 모든 것들의 기분은 좋지 않을 예정이다. 귀가 없어도 다 안다. 나를 이루는 모든 것들은 숨 쉬고 있는 동안 오로지 나를 위해 24시간 쉬지 않고 헌신적으로 일한다. 내가 숨을 더 이상 쉬지 않게 될 때가 되어서야 나를 이루는 모든 것들은 업무를 마치게 된다. 자신에게 한탄을 쏟아낼 것보다 고맙다고, 고생했다고 말해주면 어떨까.

어쩌면 가장 아름다워야 하는 존재는 나 자신이 아닐까.
어떻게 나와 평화로운 타협이 가능할까.

Drawing My Face
자기 얼굴 그리기

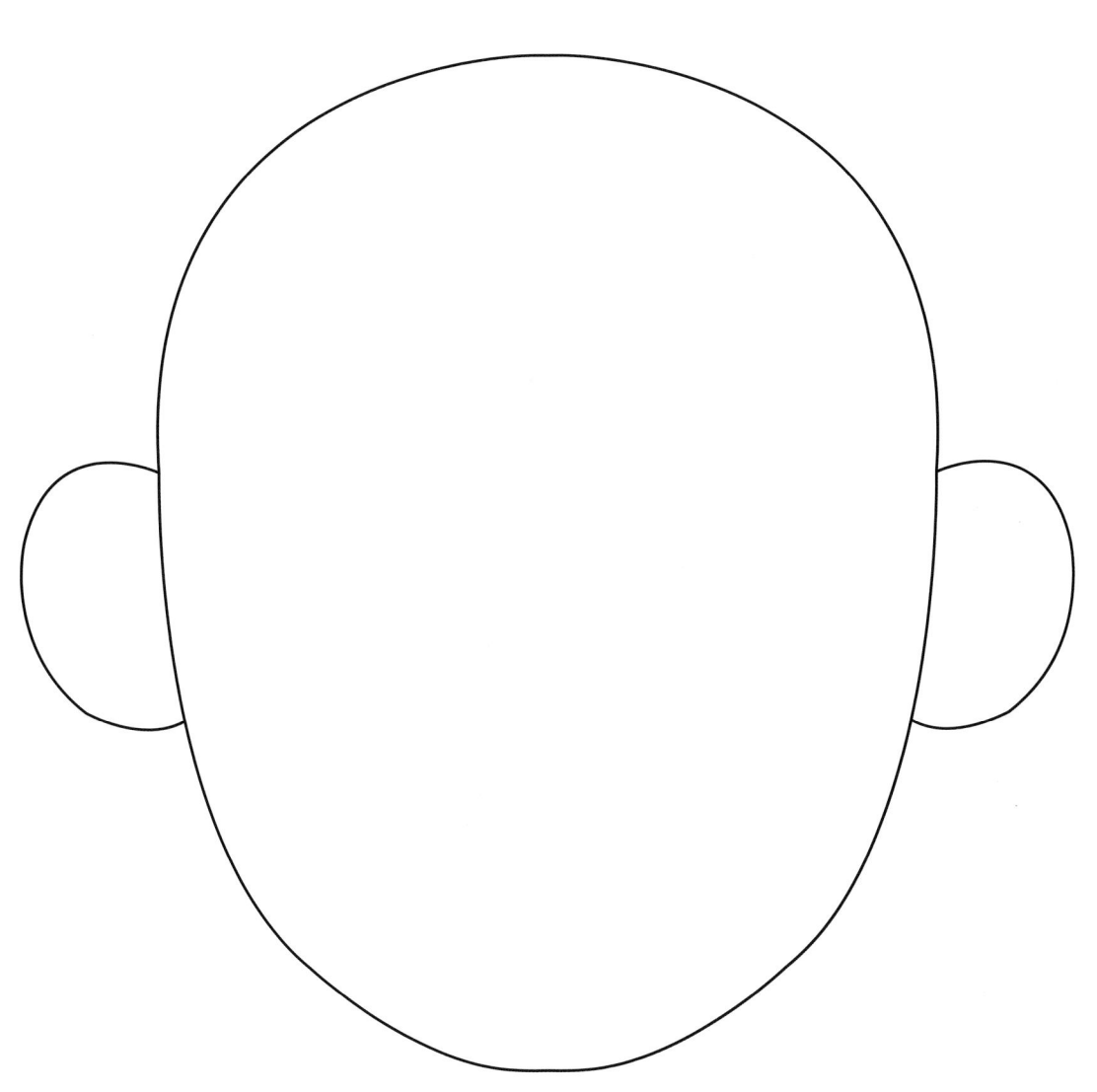

Something New 새로움

내가 보고있는 것 으로 부터 반대편

나에게 새로운 꿈이 있다면.
적도와 가까운 푸켓으로 떠나 한적한 해변가에서
소박하게 라면가게를 운영하는 것이다. 그런 일이 일어날까
이 말을 들은 친구는 웃기고 있네 라는 답을 했다.

주변에 질문한 새로움

배우 P 님 – 30대 초반**

배우는 언제나 자신이 맡은 배역에 맞는 새로운 사람이 되어야 한다. 또한 새로운 나를 지속적으로 찾아내야 한다. 나와 전혀 다른 나를 표현하려면 새로운 환경과 시도, 몰입이 필요하다. 그냥 스스로 나라는 사람의 세팅을 다시 하는 것 같다. 낯선 세트장이 내 집인 것처럼 편안해야 하고, 싫어하는 음식을 맛있게 먹어야 하는 경우도 있다. 아프지만 티 내지 못하기도 하고, 상대 배역의 눈치를 보면서 동시에 눈치를 보지 않으려고 노력한다. 그리고 잠을 많이 자지 못해서 내가 잘하고 있는지, 맞게 가고 있는지 모를 때가 있다. 그렇기 때문에 실수하지 않으려면 그 사람을 연기하는 것이 아니라 그 사람이 되어야 한다. 그러기 위해서 때로 집을 나가 있기도 한다. 나를 긴장시킨다. 그렇게 내가 살아왔던 것과는 다른 방식으로 사는 새로운 사람을 연기해내게 된다. 대부분의 배우들이 그렇겠지만 배역의 완성을 위해 많은 노력을 한다. 내 연기가 디테일하다는 표현을 많이 해주시는데, 나는 디테일한 사람은 못 된다. 내가 지금 선시에게 말하고 있는 사이사이 눈을 돌리거나 숨을 쉬고 손가락을 타닥거린 게 디테일한 행동이라고 생각하나? 그것은 그저 자연스러움이다. 내가 추구하는 연기의 방향이 그것인 것 같다.

운 좋게 좋은 학교에서 좋은 교육을 받았다. 그때 나에게 몸 수업을 해준 게 선시였는데, 기억하나? 상황이 몸을 만드는 게 아니라 몸이 상황을 만들 수 있기 때문에, 몸으로 특정 굴곡이나 각도를 따라가면 누군가의 기억이 뇌로 전달될 수 있다고 말했었다. 그 뒤로 사람들의 몸을 유심히 보고 각도를 따라 해보게 된다. 그러다보면 그 사람이 왜 버릇처럼 저런 제스처를 취하는지, 어느 신체 부위를 평소에 불편해하는지 짐작하게 된다. 그리고 그 몸에서 그렇게밖에 할 수 없는 속도나 에너지 등의 힌트를 많이 얻는다. 나에게는 선시가 새로웠는데 오히려 나에게 새로움을 묻는 것이 신기하다. 내가 항상 묻는 입장 아니었나. 문득 선시가 다시 무대로 돌아오면 좋겠다. 무대를 떠나기에는 너무 아깝다. 나는 선시의 춤을 너무 좋아한다. 정말 독특하고 슬프기도 하고 기쁘기도 하고 재미있기도 하고 인간적이기도 하다. 그런 춤을 보면 사람들이 새롭다고 느낄 것 같다. 또 보고 싶다. 아름답고 순수한 영혼. (SUNSEA : ;;;)

새로움 주제 참여 사진작가 김윤경 님 – 30대

무언가가 어떠한 환경에 놓여 있느냐에 따라 그것이 완전히 달라질 수 있는 것 같다. 내가 제안하는 새로움이란 새로운 무언가를 내놓는 쪽보다는 무언가에 새로운 환경을 입히는 쪽이다. 같은 사람이지만 헤어스타일만 바꿔도 새롭게 보일 수 있는 것과 비슷하다. 관점과 해석에 따라 완벽하게 달라 보이게 할 수 있다. 가치 있는 무언가를 찾아내는 것도 중요하지만, 무언가에 크리에이티브한 환경을 조성해주는 것으로 가치 있게 만들어주는 것에 흥미를 느낀다. 사진을 하기 때문에 모든 것을 볼 때 그런 시각으로 바라보는 것 같다. 이것이 어디에 있으면 어떻게 보일까. 진부한 것을 새로운 것으로 만드는 기본적인 팁이기도 하다. 즉 무엇이든 변신할 수 있다는 것이다. 그런 질문을 많이 한다. 내 눈에 보이는 이것은 어디에 있어야 하는가. 어디에 있을 때 저것만의 정체성이 온전히 드러나거나 사람들이 보지 못한 무언가를 드러내게 할 수 있을까. 그러한 시도가 분위기를 바꿔주며 새로운 잠재력을 폭발시키기도 한다. 같은 이론으로, 다른 사람으로 태어날 수 없다면 내 주변 환경을 다르게 만드는 것도 방법이 될 수 있는 것 같다. 또한 무언가를 사람들이 바라보는 시각과 조금 다른 편에서 바라보아도 다르게 보인다. 어디에서 보는가도 새로움을 찾는 중요한 포인트가 된다. 제품의 패키징에도 크게 영향을 미치는 것 같다. 이러한 측면에서 눈앞에 보이는 것들에는 아주 다양한 새로움들이 도사리고 있다. 그 새로움을 찾아내는 것이 나의 일이자 즐거움이다. 그것은 기사님의 액션이 아닌 리액션일 수 있다.

성수동에서 한남동까지 태워주신 택시 기사 님 - 50대 추정

뭔가를 질문해주어서 고맙다. 나는 매일 새로운 손님을 태워야 한다. 정말 다양한 사람들을 만난다. 와, 정말 이해가 안 가는 손님도 많다. 궁금증을 유발하는 손님도 있고, 피곤한 손님도 있고 다양하다. 요즘에는 승객과의 대화가 많이 줄어드는 추세이다. 애초에 목적지를 정해 예약하고 만나기 때문에 어디로 가달라는 말도 없고, 말을 주고받는 것을 불편해하는 손님들도 많다. 보통 젊은 친구들은 귀에 무선 이어폰을 꽂고 있어서 내가 뭔가를 말했다가 머쓱해진 경험도 여러 번이다. 그럴 의도가 아닌 건 알지만 왠지 모르게 나를 차단하고 있는 느낌도 든다. 괜히 뭔가 운전기사 같고, 아무튼 좀 그렇다. 물론 순전히 나 혼자서 느끼는 부분이다. (웃음.) 매번 새로운 손님을 태우긴 하는데 새롭다고 느껴지는 것은 없는 것 같다. 가보지 못한 새로운 길을 가는 것도 아니고, 새로운 손님이지만 새롭게 느낄 틈도 없다. 그래도 그게 다행인 거다. 진상 손님을 만나면 피곤하기 때문이다.

(SUNSEA : 번외의 질문이다. 일부 택시 기사 분들의 난폭 운전으로 다른 기사 분들이 불편을 겪기도 한다.)

맞다. 나도 택시 일을 하지만 가끔은 이해가 안 간다. 뭐가 다들 그렇게 급한지. 급하기만 한 것이 아니라 약간의 분노도 섞여 있어 보인다. 눈코입이 없는 자동차이지만 느낄 수 있다. 어쩐지 모르게 이해도 된다. 그것은 기사님의 액션이 아닌 리액션일 수 있다.

(SUNSEA : 머지않아 자율 주행이 보편화될 텐데 그러면 택시는 어떻게 될까?)

그 전에 나는 그만둘 것 같다. (웃음.) 젊은 친구들이나 위협적이라고 느끼지 나한테는 그렇게 느껴지진 않는다. 또한 언론이 불안감을 조성하는 것도 없지 않다. 여하튼 나는 그 핑계로 그만둘 수도 있다. 나 같은 경우에는 집에서 놀기 뭐해서 나오는 편이다. 그리고 그걸 대비하면서 무언가를 고민하고 찾고 싶진 않다. 택시 운전이라는 게 사고의 위험도 있고, 항상 긴장을 해야 하고, 막히는 출퇴근 시간을 견뎌야 하는 일이다. 오늘 하루 아무 일 없길 바랄 뿐이지 내일을 생각하는 건 조금 과분한 일이다. (웃음.)

(SUNSEA : 주말이나 밤에 택시를 부르면 잘 잡히지 않아 매우 난처하다.)

맞다. 나도 밤중에는 콜을 잘 받지 않는다. 보통은 돈이 되지 않는다는 이유로 거절한다고 생각한다. 하지만 꼭 그렇지는 않다. 말하기는 복잡하지만 나름의 사정이 있다. 우리는 기계가 아닌 사람이다. 차와 운전자가 동일하다고 느끼는 사람들이 많지만, 사실 운전자는 차를 운전하는 감정을 느끼는 사람이다. 목적지에 도착했는데 내려주면 좋겠다. 내가 다음 콜을 가야 한다. (SUNSEA : ;;;)

엔터테인먼트 업종 종사자 H 님 - 40대**

새로움을 꿈꾸는 것은 어쩌면 당연한 일이다. 나도 여전히 새로운 무언가를 꿈꾸고 있다. 현재도 새로운 비즈니스를 구상 중에 있는데, 사람들이 새로운 것을 지속적으로 만들고 찾아나가기 때문에 세상이 발전하고 성장하는 것이라고 생각한다. 그러한 관점에서 새로움은 세상의 발전에 정말 중요한 부분이다. 인간이 만든 새로움은 대부분 현재의 불편함에서 비롯되는 것 같다. 과거의 혁명도 그랬고, 우리가 이용하는 교통수단도 마찬가지이다. 불편함을 그저 불편함으로 받아들이지 않고 개선하고자 고민하는 것. 고민하는 것이 머리는 아프지만 꽤나 가치 있는 행위이다. 엔터테인먼트 업종에 있기 때문에 3년, 5년, 10년 뒤 한국 엔터테인먼트의 미래는 어떨까, 전 세계의 트렌드는 어떤 방향으로 흘러갈까 고민을 하곤 한다. 그에 맞는 새로운 비즈니스 모델이 필요하기 때문이다. 새로운 신인 아티스트를 발굴하고 데뷔시키는 것에도 많은 영향을 받는다. 이건 다른 얘기지만, 실버산업에도 흥미를 느끼고 있다. 한국인들은 보통 자신의 나이, 돈, 시간에 대한 고민을 한다. 실버 세대는 돈과 시간에 여유가 있는 경우가 많다. 하지만 그들이 누릴 수 있는 것들이 아직은 많지 않은 과도기에 있다. 그리고 나도 결국은 언젠가 실버 세대에 속하게 된다. 어떤 새로운 시스템이나 서비스가 개발될지 무척 궁금하다.

무용을 배우고 있는 학생 - 10세

새로운 것은 뭔가 흥미진진하고 기대가 되는 거다. 물론 새롭게 무언가를 배우는 건 힘들다. (SUNSEA : 새로운 도전으로 무대에 올랐던데.) 긴장은 되지만 몰라서 그렇지 막상 하면 별거 아니더라. 음…… 오늘은 새로운 순서를 배우는 일은 없으면 좋겠다. 새로운 것을 머릿속에 넣는 게 얼마나 스트레스 쌓이는 줄 아나?

무용을 배우고 있는 학생 - 18세

대학에 가면 새로운 삶이 나에게 다가올까? 사실 꿈을 이루기 위해 대학을 가고 싶은 건지, 지금 이 답답한 상황에서 벗어나고 싶어서 대학을 바라보고 있는 건지 모르겠다. 대학이 나에게 꼭 필요한지도 모르겠다. 내가 무용에 정말 소질이 있는지도 의심을 한다. 내 눈엔 나보다 잘하는 사람들만 보인다. 나는 다시 새롭게 태어나기 전까지 몸도 바꿀 수 없고, 힘이나 기술도 노력으로 과연 좋아질 수 있을까. 선생님들은 하면 된다고 하는데 키가 늘어나거나 운동신경이 바뀌는 건 아니다. 그래서 나에게 새로운 미래는 긍정적 앞날이기보다 불안하고 암담한 내일이다. 오늘의 눈물이 머릿속에 가득하다. 기적이 과연 있을까?

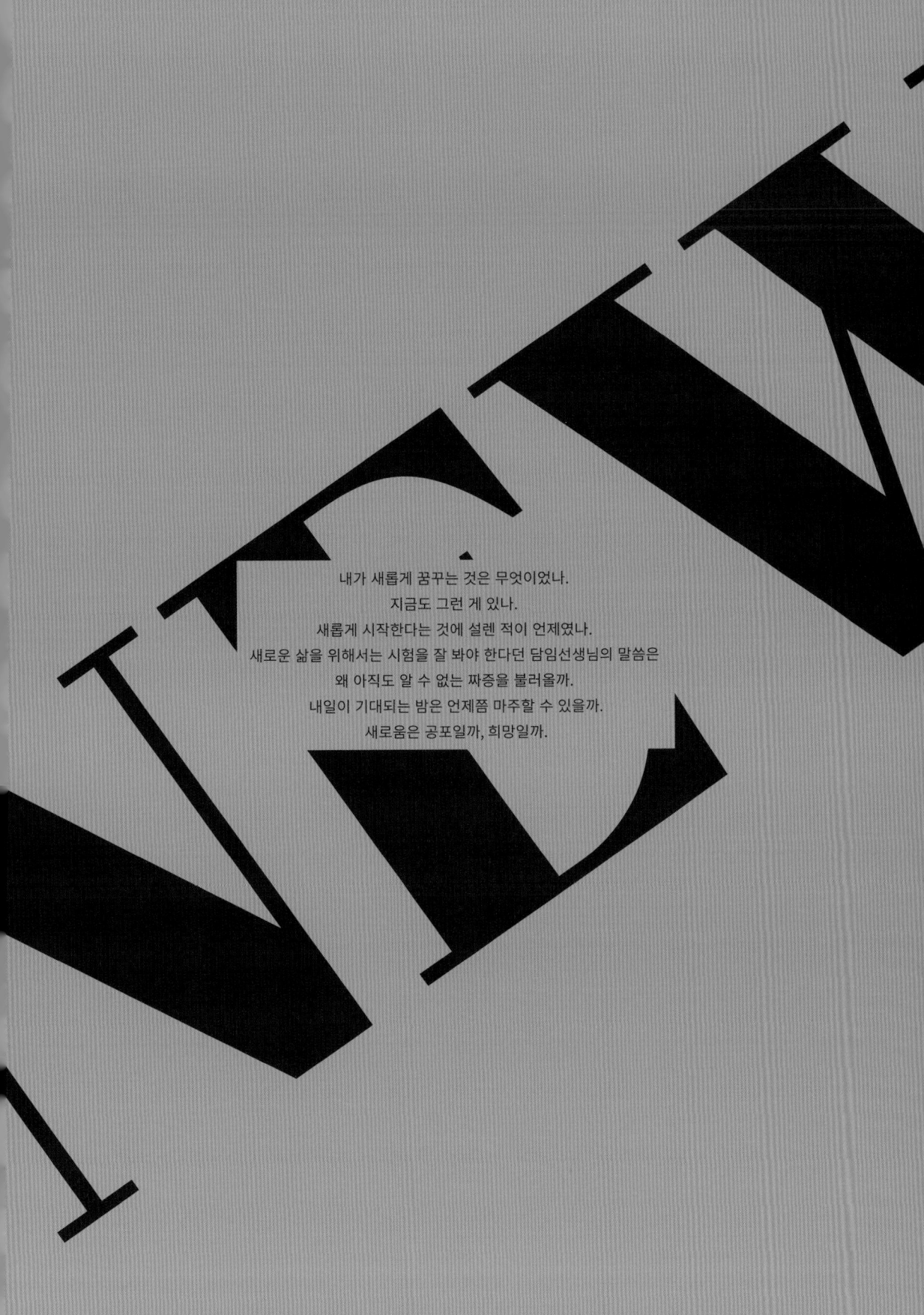

내가 새롭게 꿈꾸는 것은 무엇이었나.
지금도 그런 게 있나.
새롭게 시작한다는 것에 설렌 적이 언제였나.
새로운 삶을 위해서는 시험을 잘 봐야 한다던 담임선생님의 말씀은
왜 아직도 알 수 없는 짜증을 불러올까.
내일이 기대되는 밤은 언제쯤 마주할 수 있을까.
새로움은 공포일까, 희망일까.

새로움 주제별 자체 성취도 기출 문제 / Level A

1. 다음 중 '새로움'과 관련이 없는 것을 고르시오.
    1) 놀기만 하던 학생이 공부를 한다.
    2) 양치를 하지 않고 잠자리에 들었더니 충치가 생겼다.
    3) 굴러온 돌이 박힌 돌 빼낸다.
    4) 오랫동안 살던 동네가 재개발에 들어간다.
    5) 직원을 구하지 못해 문을 닫는 가게들이 많아졌다.

2. 다음 중 '새로운 시각'을 위한 자세가 아닌 것을 고르시오.
    1) 뻔하다고 판단되는 생각을 버린다.
    2) 돌다리도 두드려보고, 아는 것도 다시 보는 자세를 갖는다.
    3) 스케치북에 데생을 한다는 생각으로 눈앞의 무언가를 지그시 바라본다.
    4) 자기 의견이 무조건 맞다고 고집하고, 말이 통하지 않는 경우 상대방의 머리채를 잡는다.
    5) 내가 새롭게 볼 수 있는 상태인지 점검하며 숨을 들이마시고 천천히 뱉어내며 머리를 맑게 한다.

3. '새로움'이 우리 삶에 필요한 이유를 고르시오.
    1) 새로운 자극과 쾌락만이 숨을 쉬고 사는 이유이기 때문이다.
    2) 지속적으로 새로운 모습을 시어머니에게 보여주어야 나를 보호할 수 있기 때문이다.
    3) 새로운 아이템을 개발하여 금전적 이익을 취하고 사치스러운 삶을 살고 싶기 때문이다.
    4) 새로움은 나를 놀라게 하거나 충격을 주고 창작 욕구에 동기를 주기 때문이다.
    5) 오늘 퍼부은 욕설로는 상대방의 기분에 타격을 주지 못함으로 새로운 욕설을 찾아야 하기 때문이다.

4. 책에서 새로움을 질문하지 않았던 직업은 무엇인지 고르시오.
    1) 패션디자이너   2) 택시 운전사   3) 사진 작가   4) 쇼호스트   5) 배우

5. 글쓴이가 생각하는 새로움의 문제점으로 올바르지 않은 것을 고르시오..
    1) 한번 사용한 물건은 버려버리는 것이 좋다.
    2) 친구가 새롭게 구입한 신발은 질투심을 유발함으로 밟아준다.
    3) 새로운 친구가 전학을 오면 텃세를 부린다.
    4) 엄마에게 새로운 반찬이 왜 없냐고 따진 뒤 힘을 주어 쿵소리나게 방문을 닫는다.
    5) 버려지는 컵라면 용기로 화분을 만들어 새로운 생명을 키워낸다.
    6) 길을 걷다 사슴을 마주하면 녹용을 만든다는 새로운 사업 아이템을 떠올린다.

6. 당신이 생각하는 새로움은 무엇인가? (주관식)

"New Directions may emerge"
"새로운 방향이 나타날 수 있다"

2023 헬싱키 비엔날레의 메시지

What is new? Ultimately, I think it's a difference in perspective and a difference in heart. Even if I see and think of the same thing, the difference in my attitude towards it creates something new.

투명한 것 (transparent thing). Seoul

Something New   새로움
내가 보고있는 것 으로 부터의 반대편

습기 (humidity). Berlin. 2018

"희망이 기적을 불러올까."

Pickled arugula
루꼴라 장아찌 레시피

" 익숙한데 새롭다. 새로운데 익숙하다. "

나는 루꼴라를 좋아한다. 20대 초반 유럽 여행 이후로 루꼴라의 매력에 빠졌다. 요즘 샐러드에 많이 쓰이는 루꼴라가 우리 엄마에겐 생소하다. 알싸하면서도 부드러운 매력이 있는 이 채소를 알려주고 싶어 엄마 집에 한 상자 보내드렸는데, 장아찌가 되어 내가 사는 집으로 돌아왔다. 샐러드로 그냥 먹으라고 두 번 이상 말했는데, 기억이 나지 않는다고 했다. 새롭다. 루꼴라를 누가 장아찌로 담가 먹는가. 신선한 상태 그대로 먹어야지. 어이가 없어 냉장고에 넣어두었는데, 집에 놀러 온 친구가 너무 맛있게 먹어서 한번 입에 넣어봤더니 괜찮았다. 나와 친구는 루꼴라 장아찌를 넣고 김밥을 말아 먹기도 하고, 라면에 올려 먹기도 했다. 추천한다. 루꼴라의 보관 기간이 길어진다는 장점이 있다.

루꼴라 효능 : 면역력 강화, 항암 작용, 소염 작용, 심혈관/눈/뼈/피부 건강 개선, 소화 개선
준비물 : 루꼴라 200g, 청양고추 2개(취향에 따라), 물 한 컵, 간장 반 컵, 설탕 반 컵, 식초 반 컵, 소주 반 잔

조리 방법
1. 루꼴라와 청양고추를 잘 씻어 물기를 제거한 후 준비한 통에 넣어준다.
2. 물, 간장, 설탕, 식초, 소주 등의 재료를 냄비에 넣고 끓인 후 약간 식혀서 루꼴라가 담긴 통에 부어준다.
3. 하룻밤 지나고부터 먹으면 된다.

응용 : 루꼴라 장아찌 말이밥, 루꼴라 장아찌 삼겹살, 루꼴라 장아찌 볶음밥
*조리 레시피 자문 : 원영희 님

NEW YORK

뉴욕. 개인적으로 도시 이름의 첫 글자인 '뉴-NEW'가 뉴욕을 더욱 세련된 도시처럼 느끼게 한다. 뉴욕은 한때 새로움과 혁신의 상징도시였다. 현재도 마찬가지이지만 아시아와 중동의 눈부신 발전에 그 명성을 지속할 수 있을지는 아무도 모르는 일이다. 뉴욕 하면 누구나 고층 건물들이 만들어내는 아름다운 스카이라인과 JAY-Z의 노래 <Empire State of mind>를 떠올리기 쉽다. 개인적으로 뉴욕을 무척 좋아했다. 내가 사랑하는 친구들도 뉴욕에 살고 있고, 전공했던 무용 공연이나 수업도 많다. 어릴 때 영화 <나 홀로 집에>에서 보았던 풍경이 뉴욕에 실제로 펼쳐져 있는 것도 무척 흥미진진했다. 무엇보다 뉴욕을 좋아했던 이유는 새로운 꿈을 꾸게 하는 도시였기 때문이다. 많은 사람들이 미국을 '기회의 땅'이라고 말하는 이유를 알 것 같았다. 뉴욕에는 나를 위한 특별한 기회가 있고, 왠지 모르게 나의 진가를 알아봐줄 것 같은 판타지를 꿈꾸게 하기도 했다. (물론 뉴욕의 현실이 그렇지 않다는 것을 지금은 알고 있다). 뉴욕은 나처럼 희망을 품은 사람들의 도시였고 언제나 활기찼으며 새로운 일들이 일어날 것만 같았다. 실제로 문화, 예술, 금융, 패션, 기술 등 다양한 분야에서 활발한 활동이 일어나고 있다.

뉴욕에는 세계적인 미술 갤러리, 박물관, 극장, 콘서트홀 등이 모여 있다. 또한 다양한 문화, 언어, 배경의 사람들이 모여 살고 있다. 이 다양성은 새로운 아이디어와 관점을 존중하며, 개인이 다양한 경험을 할 수 있는 기회를 제공한다. 그리고 망설임 없이 새로운 일에 도전하는 것이 뉴욕에서 살아가는 경험의 일부이다. 이 도전은 새로운 기회를 만들어내고 자신감을 높여주는 계기가 된다. 뉴욕의 중심에 위치한 센트럴 파크는 당대 가장 새로운 설계의 공원이었다. 빠르게 증가하는 도시 인구와 산업화에 대응하여 도심 속의 자연을 조성하기 위해 뉴욕시가 아이디어를 낸 것이었다고 한다. 뉴욕은 원래 인디언들이 살았던 곳이라고 한다. 1624년 네덜란드의 식민지가 되면서 뉴 암스테르담이라 불렀다. 말 그대로 새로운 암스테르담이라는 뜻이었다. 이후 1664년, 잉글랜드 군대가 네덜란드를 정복하면서 뉴욕으로 새롭게 명명되었다. 이는 영국 왕자 제임스(James, Duke of York)에게서 비롯되었다고 한다. 그렇게 우리가 아는 뉴욕이 탄생했다.

DIARY 01

DIARY 02

DIARY 03

DIARY
01 / 02 / 03

클럽 방문기　　새로운 열매　　안나 2

Something New　새로움

클럽 방문기

클럽에 갔다. 다양한 클럽이 있겠지만 내가 말하는 클럽은 밤중에 여는 춤과 음악, 만남이 있는 나이트클럽이라고 해야 할까. 공간보다 크게 울리는 음악과, 무언가 쌓인 것을 풀어내리는 듯 봉인 해제된 사람들을 상상하면 나의 답답함이 어느 정도 풀릴 것만 같았다. 내심 그렇게 시간을 보내고 있는 사람들이 멋지기도 하고 부러운 면도 있었다. 고등학생 때 무용 전공 실기 선생님께서 잘 노는 사람들이 춤도 잘 추고, 일도 잘하며, 좋은 사람도 만날 수 있다는 조언을 해주셨다. 그 뒤로 왠지 모르게 클럽에 가는 것이 나에게는 일이자 과제, 삶의 방향을 찾기 위해 해야 할 일 중의 하나로 자리 잡게 되었다.

그래서인지 클럽에 가면 왜 현대무용의 능률이 오르게 되는지, 어째서 일을 더 잘하게 되는지, 어떻게 좋은 사람 보는 눈을 갖게 되는지를 분석했다. 그런 탓에 아직도 클럽에서 잘 놀 줄을 모른다. 놀면 불안함이 느껴지고, 가만히 있으면 친구가 재미없냐고 질문한다. 나의 방식대로 클럽을 즐기는 방법은 구석에서 휴대폰 플래시를 켜고 그림을 그린다거나 사람들을 의식하지 않고 내가 원하는 움직임을 자유자재로 하면서 노트하는 것이다. 하지만 사회성이 떨어져 보이는 모습을 보여주고 싶진 않아 그런 선택을 하지 않았다. 남들 눈에 내가 잘 놀고 있는 것처럼 보이려 애썼다. 그래서 언제나 클럽에 가면 더 큰 답답함을 안고 되돌아온다.

하지만 좋은 날도 있다. 우연한 만남이 있을 때다. 아주 가끔 낯선 누군가를 만나 이야기를 나눈다. 그 순간이 좋았다. 상대방은 왠지 쓸쓸해 보이던 내가 하는 말들을 경청하면서 이해하려고 하는 것 같았다. 그럴 때면 나와 대화하는 상대의 눈이 아름답고 소중하게 느껴졌다. 그러다 상대방이 웃어 보이면 나에 대한 경계가 어느 정도 해제된 것 같아 마음이 놓였고, 그 눈은 더 아름답게 보였다. 상대는 나의 이상형과 다른 경우가 일반적이다. 그 사실을 깨닫는 순간이면 피식 웃음이 나면서 이상형을 만나겠다는 계획이 얼마나 한심했는지, 스스로의 취향에 대해 얼마나 무지했는지를 알 수 있었다. (나의 경우 이상형은 보통 두뇌 쪽에서 전담해 지정해주는데 내가 보고 경험했던 것을 토대로 제일 좋았던 누군가를 순위에 올리고 잘 포장한 후에 이상형이라는 왕관을 씌워준다.)

숨을 쉬며 내부 순환 중인 생물학적 나 자신은 그런 이상형보다 현재 눈앞에 있는 사람이 더 끌린다. 진동을 느끼는 세포와 비워진 듯 채우고 싶은 손가락 사이사이, 거대한 터널 같은 콧속으로부터 폐와 심장 및 모든 것들은 지금 내가 마주하는 사람을 원하는 것 같다.
상대방 역시 마찬가지일까. 마주하는 이방인과 함께 멈춰 있는 듯한 공간의 분위기가 아름답다. 계속 보고 싶고, 더 가까워지고 싶다. 나를 구성하는 모든 것이(두뇌를 제외한) 상대방을 향하는 것 같았는데, 왠지 그토록 헤매던 내 자신을 찾은 것 같은 느낌도 들었다. 나는 그런 나를 감추는 것에 능숙하지 못한 편이다. 더 이상 무슨 말을 해야 할지 몰라 머뭇거리게 된다. '실수하고 싶지 않음'이 많이 담겨있다. 짧지만 긴 정적이 지나면 상대는 내게 좋은 시간을 보내라고 말하며 쿨하게 떠난다. 빨간불이 켜진 횡단보도를 사이에 두고 마주보고 서 있던 우리가 그토록 기다려온 초록불이 켜졌는데 서로 만나지 못하고 그저 지나치고 마는 것은 못내 아쉬움을 남긴다.

목이 타들어 가는 것 같아 술을 들이켰다. 카사노바가 직업이라 해도 믿을 법한 지인의 미소를 멀리서 지켜보자니 덩달아 웃음이 났다. 나는 피곤하다 말하고 클럽을 나왔다. 택시에 탑승하고 문을 닫으면 길거리에 퍼지고 있는 음악 소리가 막 씌운 듯 희미해진다. 보통 그 순간 나는 내가 뭘 하고 있는 걸까 질문한다. 현타의 순간이랄까. 일상으로 복귀하는 어두컴컴한 강변북로 길은 방금 전과 달리 어떠한 소리도 존재하지 않는 듯하다. 창문을 내리면 바람이 서늘하다. 불현듯 누가 떠오른다. 보고 싶어도 볼 수 없는 사람이 있다. 그 사람이 지금의 나를 보면 하나도 변한 게 없다고 놀랄까. 이렇게 클럽에도 가고 잘 살아 있음에 죄책감이 느껴지고, 미안함도 있다. 그리고 보고 싶다. 술은 기억의 습도를 더욱 촉촉하게 만드나보다. 남들은 기분을 풀러 가는 클럽에 나는 이게 무슨 주책일까. (웃음.) 나는 잘 살고 있다. 새로운 사람을 열 명 만나는 것보다 너를 한번 볼 수 있다면 더 바랄 것이 없을 텐데.

새로운 열매

열매는 나의 업무 파트너이자 친구이다. 알고 지낸 지는 벌써 10년이 되었다. 이름처럼 무언가의 열매를 맺어내기 위해 큰 노력을 하는 친구이다. 사적으로만 알고 지내다가 함께 일을 하다보니 까칠함을 보기도 하고, 회사 경험이 많지 않은 나를 무시하는 것 같은 느낌이 들었던 적도 있다. 나와 일하는 스타일이 많이 다르기도 했다. 그래도 부족함이 많은 나를 믿고 최선을 다해주는 것을 알기에 미워하지 않았다. 미안했다. 일을 하면서 그녀도 나의 단점이라 생각되는 것들을 보며 실망하고 한심함을 느꼈다 하더라도 할 말이 없다. 프로젝트를 이끌어간다는 것이 내게는 버겁고 고단하지만, 밤새 고민하고 업무를 이어가는 그녀를 보면 나 역시 힘이 날 때도 있었다. 언제나 밤새 일했다는 것을 알아달라는 쪽보다 결과물이 어떻게 보이는지를 질문하는 편이었다. 혼자 160페이지가량의 서적을 디자인한다는 것은 결코 쉬운 일이 아닐 텐데, 적은 봉급에도 단 한 번도 불평하지 않고 맛있는 점심을 사주면 시선을 내리며 웃는다. 그런 모습에 책 제작 프로젝트를 성장시켜야 한다는 의무감이 들지만 아티스트로만 살아왔던 내겐 멀고도 험난한 일이었다.

답답함도 많다. 언젠가 내가 열매에게 근사한 열매를 맺게 해줄 수 있는 날이 온다면 얼마나 좋을까. 1년 정도 함께 고민하고 일을 하니 열매의 스타일, 방향성, 취향을 이해하게 되었다. 그래서 열매를 다 안다고 생각했는데, 얼마 전 열매가 참았던 눈물을 터뜨리는 모습을 보았다. 슬픈 건지 화가 나는 건지 알 수 없었다. 어쩌면 둘 다인 것 같기도 했다. 열매는 속상했던 이야기를 하염없이 쏟아냈다. 다행히 나 때문은 아니었는데, 알 수 없는 죄책감이 들었다. 물론 그녀가 모든 것을 말한 것 같지는 않다. 우리는 술을 함께 마시지도 않았고, 생각해보니 그 긴 시간을 알고 지냈으면서도 서로의 사적인 이야기를 한 적이 없었다. 사람들은 열매의 말투나 행동을 보고 까칠하다고 생각할 수 있는데, 사실 매우 여리다. 반드시 해내고 싶었던 무언가를 위해 스스로 강해지는 선택을 한 것 같다. 열매는 회의 중에 '회사'라는 단어를 유독 많이 사용한다. 그 단어를 말할 때면 표정이 썩 좋지 않고, 못된 과장님처럼 느껴질 때도 있다. 이유는 모르겠지만 회사라는 말을 뱉을 때마다 강해지기 전의 열매가 겪었던 내가 모르는 상처가 있는 것 같아 마음이 쓰인다. 시간이 지났으니 괜찮은 줄 알고 있겠지만 내가 재롱을 부려도 함박웃음을 짓지 않는 것을 보면 아직 아무도 진심으로 안아주었던 사람이 없는 것 같다.

열매는 책임감과 자존심이 어찌나 강한지 가끔 보면 무서울 때도 있다. 나는 개인적으로 서로 화합하여 무언가를 배우고, 서로 대화도 나누면서 상사가 직원에게 오더를 내리는 쪽보다 콜라보레이션 되기를 바란다. 하지만 그것이 열매애게 강요가 될 수 있다는 것을 얼마 전에 알았다. 그녀는 각자의 역할 분담과 보고식 업무를 좋아한다. 무엇이 좋은지는 모르겠지만, 우리 모두 성장의 시간이라면 좋겠다.
돌이켜보면 나와 너무나도 다르다. 성향, 성격, 성별, 엠비티아이 등. 서로가 각자 너무나 다른 성향의 사람이어도 같은 곳을 바라보면서 그곳을 향해 나란히 함께 걸어가는 평행 관계가 결합보다 나은 것은 아닐까. 이전에 런던에서 맨체스터로 가는 가장 빠른 방법은 무엇인가라는 영국의 한 신문사의 이벤트가 떠오른다. 개인 비행기를 탄다거나, 지하 터널을 뚫는 신기술 등의 아이디어를 뚫고 "좋은 친구와 함께 가는 것." 이라는 답이 1위를 차지했다.

이런저런 생각을 하고 있는 나에게 할 말 다했으면 가본다고 말하는 열매는 참으로 연구 대상이다.(웃음.) 내가 몰랐던 이야기도 듣고, 여러 생각을 하면서 다시 바라본 열매의 얼굴이 무척 새롭다. 오래 알아온 사람도 그 사람의 말을 듣고 나면 새롭게 느껴질 수 있구나. 다 알고 있다고 오해했었다. 가끔 속으로 비난하거나 나쁘게 생각했던 내 자신이 몹시 부끄러웠다. 열매는 내가 아는 디자이너 중에 가장 디자인을 잘한다. 그런 열매가 프로젝트의 비주얼을 맡아주어서 무척 든든하고 자신감이 생긴다. 언제까지 나와 함께할지는 모르지만, 이 일을 같이 하지 않더라도 오늘처럼 우는 일은 줄어들면 좋겠다. 나보다 훌륭하고 능력 있는 사람을 만나서 모두에게 인정받는 비주얼 디렉터가 되면 나는 크게 기뻐하며 박수를 치며 나와 친하다고 자랑할 것 같다. 열매는 지금도 매우 실력 있는 창작자이지만 머지않아 인생작이 나올 것 같아 기대가 된다. 언제나 내가 뒤에서 응원하고 있다는 것을 기억해주면 좋겠다.

DIARY 03

안나 2

2022년 가을 무렵 안나가 내게로 왔다. 방송 일을 하는 지인이 지방의 한 섬에 촬영을 갔다가 버려진 강아지를 발견했고, 개장수에게 잡혀 갈 위기에 놓여 있다는 말에 무작정 데리고 왔다고 했다. 그 지인은 바쁜 스케줄 탓에 가깝게 지내는 내게 안나를 부탁했다. 엄마가 키우는 강아지 이름이 엘사여서 강아지 이름을 안나라고 지었다. 처음엔 안나라고 부르면 자신을 부르는 줄 몰랐지만, 금세 자신의 이름임을 눈치 채고 안나라 부르면 꼬리를 흔들었다. 안나는 먹성이 좋아서 밥을 다 먹고도 벽지도 먹고 신발 깔창도 먹고 내 책들도 먹어치웠다. 산책을 나가면 내가 반죽음이 되어 돌아올 정도로 달리기를 잘했다. 하지만 내가 프로젝트 일을 시작하면서 안나가 혼자 보내야 하는 시간이 많아지자 엄마에게 임시 보호를 요청했다. 나랑 떨어지기 싫어할 줄 알았는데, 엄마를 보고는 곧장 배를 보였다. 엄마가 안나를 얼마 동안 보호해야 하느냐고 물어 곧 캐나다로 입양을 갈 것이라고 말했다. 엄마는 안나를 배려하며 기억하는 영어는 총 동원하여 '안나, 컴 온 베이비' 같은 서구적 대화를 시도하기도 했다.

안나는 엄마의 집에서도 사고를 많이 쳤다. 엄마의 화장품을 모조리 분해시키기도 하고 여동생의 지갑을 가루로 만들었으며 심지어 컴퓨터에도 운석에 맞은 것처럼 많은 구멍을 냈다. 그래서 엄마는 밥을 많이 먹여 식사 후에 누워서 쉬게 만드는 작전을 세우기도 했다. 털은 또 왜 그리도 많이 빠지는지 엄마와 여동생이 알레르기에 시달리다 못해 털을 빡빡 깎이기도 했다. 잠을 잘 때는 엄마의 가슴 위에서 자는 걸 좋아했는데, 그 바람에 엄마는 몇 번이고 가위에 눌리는 줄 알고 깼다고 했다. 그렇게 잠에서 깰 때면 안나가 엄마의 입속에 혀를 넣었다 뺐다고 했다. 조금 눈치가 보이는 게 사실이었지만 엄마는 괜찮다고 했다. 심장사상충 검사 결과가 양성으로 나와서 안나의 입양이 연기되었다. 이번엔 엄마가 내심 불편한 눈치를 보였지만 달리 방법이 없었다. 나는 솔직히 그렇게 조금씩 미뤄지면서 안나가 우리 곁에 더 오래 있기를 바랐다. 한 템포만 지나면 안나를 내가 케어해줄 수 있을 것 같기도 했다. 그렇게 내 일에 몰두하다보니 따뜻한 봄도 오고, 무더운 여름도 오고, 서늘한 가을이 되었다. 며칠 전에 갑작스럽게 안나가 비행기에 탑승하게 된다는 것을 알았다. 사실 그 전에 알았지만 날짜가 이토록 금세 다가올 줄은 몰랐다.

그리고 어김없이 비행기를 타기 전날이 다가왔다. 엄마에게 전화를 걸었다. 엄마는 이제 홀가분하고 마음이 편할 것 같다고 했다. 그러고는 울먹이는 목소리로 다시는 임시 보호를 못할 것 같다고 말했다. 반려견을 키우기에 엄마는 힘도 약하고, 들어가는 비용을 모두 감당하기도 힘들다고 했다. 그런데 왜 이렇게 마음이 쓰린지 모르겠다고 했다. 안나도 자신이 떠나는 것을 아는지 유난히 엄마의 눈을 오래 바라보고 있었다고 했다. 다시는 보지 못할 것이라는 생각에 엄마는 밤새 잠을 이루지 못했다고 했다. 안나가 집을 떠나고 몇 시간이 흐른 뒤 비행기에 탑승하기 전에 영상통화가 걸려왔다. 예비군 훈련 중이었지만 정말 중요한 일이라고 말한 뒤 밖으로 나와 짧은 영상통화를 했다. 케이지에 갇혀 있는 안나가 몹시 풀이 죽어 보였다. 나와 영상통화를 하기 직전에 엄마와 했다고 했다. 안나는 이제야 엄마와 헤어지는 것을 분명히 알게 된 것 같았다. 비행기 안이 춥고 무서울 텐데, 그리고 답답할 텐데 잘 버텨줄까. 걱정이 되기도 하고 이제라도 붙잡고 싶었다.

그날 밤은 유난히 길었다. 하루가 지나고 다음 날 오후, 입양한 집에서 안나의 영상을 보내왔다. 안나는 새로운 백인 주인의 허벅지 위에 머리를 두고 배를 내놓은 채로 누워 있었다. 내가 보기에는 잘 적응하는 것처럼 보였고, 마음이 놓이는 듯했다. 하지만 엄마는 알 수 있다고 했다. 안나가 사람을 좋아하는 게 아니라고 했다. 애교가 많은 것도 아니라고 했다. 그저 살고 싶어서 저런 행동을 하는 것이라고 했다. 엄마가 안나를 처음 보았을 때 똑똑히 느꼈다고 했다. 애교를 부리고 있는 안나는 살기 위해 배를 드러내고 꼬리를 흔드는 것이라고 했다. 안나는 무척 살고 싶어하는 마음을 가지고 있어서 살고 싶지 않았던 갱년기가 지난 엄마에게 잊고 있던 살고 싶음을 알려주었다고 했다. 엄마가 보기에 안나의 몸짓에는 여전히 외로움이 있고, 그리움이 묻어난다고도 했다. 그리고 미안해서 어쩔 줄 모르겠다고 말했다. 그냥 조금 참고 데리고 있어볼까 고민할 때는 이미 비행기에 있을 늦은 뒤라고 했다. 엄마는 안나에게 너무 미안해했다. 강아지를 버리는 사람들에게 몹시 화가 났지만, 동시에 엄마도 안나를 버린 것 같은 죄책감에 숨을 쉬는 것이 힘들 정도라고 했다. 나도 안나가 새로운 주인을 만나 기쁘지만, 한편으로는 마음이 무거웠다. 안나가 털도 잘 빠지고 사고도 많이 치는데, 연세가 지긋하신 주인분이 그것을 감당하지 못하면 다시 유기견이 되는 건 아닐까 걱정이 되기도 했다. 그래도 나는 안나가 답답한 한국의 아파트에서 벗어나 넓고 평화로운 자연에서 뛰어놀 것을 생각하면 기쁘다. 다시 만날 가능성은 희박하겠지. 부디 우리들은 기억하지 말고, 앞으로의 삶에 고통 없이 행복하게 잘 살면 좋겠다. 그동안 옆에 있어주어서 고마웠고, 데리고 있어주지 못해 미안하고, 언제나 기도한다고 전하고 싶다. 이번이 마지막 새로운 주인이길 간절히 바란다. 새로운 환경에서 새로운 주인과 새로운 세상에서 아픔은 싹 잊고 행복하길. 그리운 우리 안나.

Hochzeits marsch 결혼, 새로운 시작

F.Mendelssohn 작곡

Something New   새로움

Attention!
Do you want fight?

1. 포장을 아예 하지 않거나 재활용이 가능한 재료를 포장에 사용해서 쓰레기를 줄이려는 세계적인 움직임
2. 들고 있는 이 책의 제목이자 주제
3. 글쓴이 이름
4. 박자를 영어로
5. 일이 처음 시작되는 계기
6. 라면 이름으로도 있는 개과의 포유동물, 몸의 털이 길고 황갈색이며 주둥이는 뾰족하다.
7. 줄타기, 곡마, 재주넘기 등 고도의 훈련이 필요한 일
8. 파리의 유명 백화점 (Printemps Department Store)
9. 친구들이 모여 하는 말들, 쓸데없는 말들이지만 그 말들로 보내는 시간을 인간은 좋아한다.
10. Sound를 한국말로
11. 음식을 매우 적게 먹는 것, 멀리 떨어져 있는 사람의 사정을 알리는 말이나 글
12. 예전에 북한에서 자주 했던 행동, 대한민국에도 군사적 목적으로 파놓은 굴이 있음, 땅속으로 뚫린 굴
13. 기름졌던 땅이 점점 **처럼 쓸모없는 땅으로 바뀌는 현상, ***현상과 가뭄이 사회적 문제로 대두된다.
14. 태조 이성계가 건국한 나라
15. 드라마 <무빙>, 영화 <모가디슈>의 남자 주인공
16. 새의 시조
17. 외부 세계의 자극을 받아들이고 느끼는 성질, 넓은 의미로 예민성, "너는 ***이 풍부하다."
18. 기억해를 영어로
19. 단추를 영어로

내가 보고있는 것 으로 부터 반대편

정답은 맨 뒷장에서 확인하실 수 있습니다.

What do you think about something new?

참고 문헌

『센서티브 : 남들보다 민감한 사람을 위한 섬세한 심리학』, 일자 샌드, 김유미 옮김, 2017 , 다신지식하우스
『고래바위』, 이순원, 북극곰
『새로움에 대하여 : 문화경제학 시론』, 보리그 그로이스, 김남시 옮김, 현실문화
『나는 예술가로 살기로 했다 : 창작하며 산다는 것, 그 위대함과 고단함에 관한 가장 솔직한 이야기』, 에릭 메이젤, 안종설 옮김, 심플라이프
『몰입 : 미치도록 행복한 나를 만난다』, 미하이 칙센트미하이, 최인수 옮김, 한울림
『예술가들에게 슬쩍한 크리에이티브 킷 59 : 온 세상을 나만의 플레이그라운드로 만드는 법』, 케리 스미스, 신현림 옮김, 갤리온
『수행성의 미학 : 현대예술의 혁명적 전환과 새로운 퍼포먼스 미학』, 에리카 피셔-리히테, 김정숙 옮김 문학과지성사
『방황하는 아티스트에게 : 예술가 50명이 전하는 슬럼프 극복법』, 대니엘 크리사, 박찬원 옮김, 아트북스
『관찰의 기술 : 보려고 하는 순간, 새로운 세상이 펼쳐진다』, 양은우, 다산북스
『일상적이지만 절대적인 뇌과학 지식 50 : 100년 동안 인류가 뇌에 관해 밝혀온 모든 것』, 모헤브 코스탄디, 박인용 옮김, 정용 감수, (반니)
『우리는 여전히 삶을 사랑하는가』, 에리히 프롬, 장혜경 옮김, 김영사
『AI는 세상을 어떻게 바꾸는가 : 인공지능과 인간, 함께 살아가는 미래를 위하여』, 장동선, 김영사
『놀이, 마르지 않는 창조의 샘 : 생각하는 인간에서 놀이하는 인간으로 창소와 상상력의 원선으로서의 놀이 탐구』, 스티븐 나흐마노비치, 이상원 옮김, 에코의서재
『바디마인드센터링 입문 : 몸, 에너지, 마음을 조화시키는 소마틱스』, 린다 하틀리, 최광석 옮김, 군자출판사
『Publisher 책 만드는 곳, 출판사』(어반라이크 매거진 No.42)
『한때 우리의 전부였던, : 밀레니얼 키즈의 향수』, 김현경, 송재은외 19명 엮음, Warm Gray and Blue
『아주 세속적인 지혜 : 400년 동안 사랑받은 인생의 고전』, 발타자르 그라시안, 강정선 옮김, Page2
『지구를 위해 모두가 채식할 수는 없지만 : 환경을 지키는 작은 다짐들』, 하루치 글/그림, 판미동
『구부렸다 펴기 : 무엇을 구부렸다 펼까?』, 이선시, 미출판 예술 발표 작업물 자료집

Do you want fight? 정답

새로움 『내가 보고 있는 것으로부터 반대편』
초판 1쇄 발행 2024년 5월 30일

PRODUCE ㅣ 제작
@whatsme.whyme

Writer 글쓴이. 이선시 @sun_sea__
Visual 비주얼. 이열매 @xoxodufao
Photographer 사진. 김윤경 @yyoonkyung
Project Supporter 서포터. 이연진 @yy.roon
Copyread 교정교열. 김정현
Marketing 마케팅. 이유라 @yu_ra_0612
CS 씨에스. 김지윤 @14_eo_
인쇄 및 출판. 최현희 ㅣ 삽북
출판등록 2021년 2월 2일 제25100-2021-000009호
출판사. 02-6272-6825 ㅣ master@samzine.co.kr
　　　　 서울시 중구 마른내로 10길12, 삼진빌딩 3층

ⓒ 이선시, 2024
ISBN 979-11-986293-3-3

THANKS TO ㅣ 도움을 주신 분들
Helper. 임정우 @lin_derlu, 박영성 @youngsungwave, 홍석천 @tonyhong1004,
김도희 @anjellla_20, 명지윤 @jiyun2dat, 경남제약 레모나 @lemona_official,
코스메틱 자신 @jasin_forme_official, 농심 @nongshim, 수인코코 @sooin_koco

SPACE ㅣ 공간 지원
웨이크댄스클럽 @wake_danseclub, 홍마담샵 @hongmadamshop

INTERVIEW ㅣ 인터뷰
배재호, 이희문 @leeheemoon.official, 주언규 @sinsaindang.official,
큐 @jika_master, 정희은 @heen_dance, 김동건 @gunkimm.art

+ 새로움에 관해 진심 어린 이야기를 해주신 모든 분들에게 감사의 인사를 전합니다.
　 THANK YOU.

단행본 책 제작 기간 : 2023년 12월 2일 – 2024년 4월 1일

"힘들고 고단한 일이 있어도 숨을 쉬자. 새로운 내일이 있으니까. 그리고 기적을 만들자."
- SUNSEA